臨床舞踊学への誘い

身体表現の力

柴 眞理子[編著]

ミネルヴァ書房

は じ め に

　本書は，筆者らが長年にわたって精神病院，幼稚園，小学校，大学，デイケアなどにおいて継続してきた舞踊実践から得た「身体表現の力」の実感と，実践に基づいて構築された理論をまとめたものです。

　舞踊には「バレエ」「モダンダンス」「日本舞踊」「フォークダンス」など様々なジャンルがあり，その目的も，表現すること，踊ること自身を楽しむこと，観客の前で踊ることといったように多様に広がり，必ずしも表現することを第一義としていない舞踊も多く含まれています。そのような中で，筆者らの舞踊実践は，一人ひとりが「自分自身の内面をみつめ，感じ，考え，それを自らの身体で創造的に表現する」まるごとの自分を投じた体験で，表現に第一義的な意味があります。このように自分の内面を表現することに焦点をあてた舞踊実践を「身体表現」と呼んでいます。

　身体表現は，リアルタイムに自らの心身と他者の心身へのダイナミックな気づきをもたらす特質を持ち，その特質によって，自分と他者の存在の確かさを確信させる力や人間を成長させる力を持っています。このような力がどのようにして生まれ，人間にとってどのような意味を有するのかを論ずるのが本書の目的です。

> ダンスを始めて生きる張り合いができました。
> どこかで自分の存在を叫んでいると思う。

　これは，「何もする気がなく死にたくなっちゃう」と話していた精神病院入院中の患者さんが，ダンスセラピーについて語った言葉です。「死にたい」という希死念慮がダンスによって軽減し，笑顔で自室に戻っていく姿を見た主治医は治療者として祈りにも似た安堵感を得たといいます。

　様々な舞踊実践の場に立ち会っていると，このように患者さん（子ども，学

生，高齢者などの参加者）が，ダンスを通じて自分の存在を確信する場面を目の当たりにします。実践からの身体表現の力の実感。これが本書の核にあります。

そもそも身体表現の実践と研究へと筆者を引き込んだのは，ダンス経験のない神戸大学教育学部生の創作ダンスへの取り組みと学生の授業記録でした。学生たちの捉えた人間と舞踊の関わりは，幼少時からダンスを継続してきた私が意識したことのない，自分や仲間の存在を感じさせる深いものであることに心を強く動かされ，「舞踊による人間形成」という大きなテーマが私の中に棲息するようになり，この体験が私の舞踊研究と実践の方向を決定づけることになりました。それ以来，一貫して，人間形成に資する舞踊実践を目指して研究と実践を積み重ね，舞踊理論を展開していくという態度をとってきました。そのプロセスで舞踊は臨床の知の働く人間学ともいえるものであり，そのようにして構築される舞踊理論の領域を臨床舞踊学と呼ぶことにしたいと考えるようになりました。なぜ，臨床なのか？　それは文献に基づいて得られる研究成果とは一線を画し，人と人との直接的な出会いにこそ舞踊による人間形成の力があることを主張する舞踊理論を構築していくためです。

臨床とは，人と人，特に身体と身体が出会い経験が交わる現場を意味します。したがって臨床舞踊学では，そのような現場で展開する舞踊現象（行動）を解釈し意味づけを行います。すなわち舞踊の内部から舞踊理論を紡ぎだしていく方法をとります。そのような現場は学校，劇場，広場など多岐にわたり，それぞれの現場での舞踊の目的，期待される機能，成果などには相違があります。病院，デイケア，教育機関といった現場での舞踊を専門としない人々の身体表現に焦点をあてた舞踊の活動は，臨床舞踊学構築へ向けての端緒となりました。

本書は2部構成で，まず，第Ⅰ部では，これまでの筆者らの実践と研究から紡ぎだされた臨床舞踊理論を概説します。身体表現の力を理解するためには，まず原点にある身体そのものの表現的な側面について把握しておく必要があります。さらには，ジャンルにとらわれない舞踊全般に共通する舞踊理論を踏まえつつ，表現することに重点を置いた「身体表現」に固有の特性について広い視野に立った理解が求められます。そこで，第Ⅰ部では，舞踊学をはじめとし

て現象学や心理学，社会学，さらに生命科学や精神医学，認知科学など実に様々な分野で構築されてきた身体表現に関わる知見に依拠し，筆者らが行った実証研究なども交えながら，臨床舞踊学の理論的側面について論じていきます。

　第Ⅱ部では，本書の核ともいうべき実践に基づく身体表現の力を確かめるために，筆者らが，精神病院，デイケア，幼稚園，小学校，大学で実践してきた身体表現の活動を取りあげます。各現場における指導理念，指導方法の概説を交えながら，筆者らの実践を紹介し，そこで得られた参加者の実感と，教師，医師，スタッフの実感に基づいて，身体表現の力をみていきます。

　そしてⅠ部，Ⅱ部でみてきた身体表現の力は，生きる力を体現するものであることを，人間の生の営みに照らして論じ，終章としています。

＊

　激しく変化する社会の中で，これからの社会を生きる子どもたちの「生きる力」を育むことが文部科学省の方針として示されています。すでに表現運動やダンスの指導に携わっている先生方には，本書が，ご自分の実践を振り返り，その実践がいかに「生きる力」を磨いているのかを再確認する契機となり，さらに，豊かな実践へとつなげていただきたいと思います。また，指導に取り組んでみたいけれど，まだ取り組めていらっしゃらない先生方には，本書が指導へ踏み出す第一歩となればうれしく思います。

　筆者らは教育機関にとどまらず，精神病院やデイケアにおいても患者さんや高齢者の方々とダンスを実践しており，その活動を通して捉えた「生きる力」についても本書では取りあげています。患者さんや高齢者の方々が生き生きとしたからだで豊かなコミュニケーションをはかれるような手立てとそのことの意味を理解したいと考える医療，臨床心理，福祉関係などに従事なさっているみなさんに本書をお手にとっていただき，筆者らの実践と理論を参考に，患者さんや高齢者の方々と共にまるごとのからだで語りあい，身体表現の喜びを味わうことによって生きる力を実感していただけることを願っております。

　　2017年12月

編著者　柴　眞理子

注

(1) ダンスは舞踊の訳語であり，本来は舞踊＝ダンスですが，舞踊とダンスという用語は，慣例的に使い分けられています。たとえば，学習指導要領では体育の一領域としてダンスを使用していますし，舞踊療法よりダンスセラピーという用語の使用が一般的です。したがって，本書でも慣例に基づき，現場での呼称をそのまま使用します。

(2) 哲学者の中村雄二郎が，普遍性・論理性・客観性を重視する「科学の知」のアンチテーゼとして提唱した概念です。コスモロジー（固有世界），シンボリズム（事物の多義性），パフォーマンス（身体性を備えた行為）の3つの原理から成り，主観的・共感的に対象（相手）を理解しようとする知を指します。

(3) 本書では，特定のジャンルに限定されない舞踊全般の特性を取り上げる場合には，「舞踊」という用語を使っています。

臨床舞踊学への誘い
──身体表現の力──

目　次

はじめに

第Ⅰ部　身体表現の力を理解するために

第1章　身体表現とコミュニケーション………………………………3

1　からだは情報の発信・受信の基地　3

（1）情報に満ちあふれたからだ　3

（2）生き生きしたからだ　6

2　まるごとのからだによるコミュニケーション　9

（1）人間形成とコミュニケーション　10

（2）自分の内と外，2つのコミュニケーション　13

（3）感性的コミュニケーションと理性的コミュニケーション　16

3　からだは語る・からだで語る　19

（1）からだは語る——表出されるものとしての身体表現　19

（2）からだで語る——意識的な身体表現　21

（3）からだで語り，からだは語る　24

（4）身体表現と舞踊　27

第2章　舞踊と人間の関わり……………………………………………31

1　舞踊と人間の関わりの変遷　31

（1）生活と密接に関連した実用的な舞踊　31

（2）精神生活（宗教）と深く結びついた舞踊　32

（3）精神生活から遊離していく舞踊　33

（4）芸術舞踊の発生——バレエの誕生　34

（5）モダンダンスの誕生　35

（6）舞踊と人間の普遍的・新奇的関わり　36

2　舞踊への関わりの多様性　37

（1）遊びと舞踊　37

（2）動機づけと舞踊　40

（3）現代における舞踊と人間の関わり　42

目　次

第3章　舞踊の成り立ち……………………………………………………45

　1　表現の内的素材としてのイメージ　45

　　（1）人間とイメージ・タンク　46

　　（2）イメージの生成　47

　　（3）イメージ・タンクの二層構造　48

　　（4）イメージの表現と蓄積　49

　2　表現の外的素材・媒体としての身体と動き　50

　　（1）身体の特性　51

　　（2）延長する身体　53

　　（3）動きの特性　57

　3　創造性の働き　60

　　（1）全人格特性としての創造性　60

　　（2）創造性の内容とその周辺　62

　　（3）創造の過程　66

第4章　コミュニケーションとしての舞踊………………………………71

　1　舞踊のコミュニケーション特性　71

　　（1）人間の身体性と自己　71

　　（2）舞踊は感性的コミュニケーション　72

　2　舞踊におけるコミュニケーションの諸相　73

　　（1）5つの様相　73

　　（2）まるごとの自分を投じた活動　74

　3　情動調律――身体的コミュニケーションの基盤　74

　　（1）身体表現の指導にみる間主観的な関わりあい　75

　　（2）生気情動と情動調律　75

　　（3）身体表現の指導における情動調律の働き　78

　4　場とコミュニケーション　79

　　（1）場とは何か　79

　　（2）リアルタイムの創出と身体表現　80

　　（3）自他非分離的コミュニケーションとエントレインメント　81

vii

（4）舞踊の場とコミュニケーション　83

（5）身体表現の指導の場とコミュニケーション　85

5　身体表現の意義　86

第Ⅱ部　実践にみる身体表現の力

第5章　精神病院・デイケアでのダンスセラピー……………………93

1　本来的にセラピューティックな機能をもつ舞踊　93

（1）ダンスセラピーの原初的な姿　93

（2）心理療法としてのダンスセラピー　94

（3）創造的自己表現を核としたダンスセラピー　95

（4）ダンスセラピーの目的　96

2　舞踊教育からダンスセラピーへ　97

　　　──創造的自己表現を核としたダンスセラピー

（1）舞踊をすべての人のために　97

（2）精神病院，そしてデイケアでのダンスセラピー開始　98

（3）舞踊教育とダンスセラピー　99

3　ダンスセラピー実践の原理　99

（1）運動─呼吸─感情の連合　99

（2）凍った身体感覚と身体感情の解凍　101

（3）共　感　102

4　精神病院での実践　104

（1）セッションの構成と指導のポイント　104

（2）集団でのセッションと個人　113

（3）患者さんの変化　114

（4）患者さんにとってのダンスセラピーの役割　119

5　特別養護老人ホームでの実践　120

（1）「新とみ」におけるダンスセラピーの位置づけ　120

（2）デイケアでのセッション構成　121

（3）利用者さんの変化　124

（4）利用者さんにとってのダンスセラピーの役割　125

第6章　幼児期の身体表現……………………………………………127

1　動きの表現の発達特性　127

（1）幼児期の動きの表現の役割　127

（2）動きと動きの表現　129

（3）模倣表現と創造的表現　130

（4）ひとりでの表現から仲間との表現へ　133

2　動きの表現の指導のポイント　134

（1）子どもの創意を引き出す　134

（2）動きの表現の題材と豊かな捉え方　135

（3）表現的な動きの開発　137

（4）言葉かけと発話　141

3　幼稚園での実践　146

（1）道和幼稚園での動きの表現の背景　146

（2）「動きの表現発表会」の取り組み　147

第7章　児童期の身体表現……………………………………………159

1　児童期における身体表現の役割　159

（1）現代社会と「生きる力」　159

（2）「生きる力」と表現運動系の活動　160

2　小学校での実践　161

（1）成城学園初等学校における「舞踊」の背景　161

（2）舞踊実践にみる子どもの発達　163

（3）舞踊創作活動の役割　172

第8章　青年期の身体表現……………………………………………173

1　青年期における身体表現の役割　173

（1）大学における舞踊実技授業の背景　173

（2）青年期における身体表現の役割　174

（3）創作ダンスの指導方法と学習内容　175

2　大学での実践　178

（1）体感に焦点をあてた授業立案の背景と授業の概要　178

（2）授業内容と学生の学習との関係　180

（3）課題「舞踊運動の体感」について　183

（4）舞踊の体験的理解　188

終　章　共創する身体表現と生きる力……………………………………195

1　身体表現と創造性　195

（1）生の営み　195

（2）脳の仕組みからみた舞踊　197

2　身体表現活動の層構造　200

（1）身体表現活動の場に入る　200

（2）リズムに乗って踊る　202

（3）動きの探究　202

（4）創造的自己表現　203

（5）4つの層と生きる姿　205

3　共創する身体表現　205

文　献　209

おわりに　217

索　引　219

第Ⅰ部

身体表現の力を理解するために

本書は，冒頭に記した通り，身体表現の力を理論的・実践的に考えるというスタイルをとっています。その意図は，本書を活用することによって，読者のみなさんが身体表現の実践に着手，あるいは継続する手がかりを提供したいということにあります。

　第Ⅰ部では，身体表現の力がどのようにして生まれ，どのような意味があるのかを理解していただくために，臨床舞踊学の理論的側面について論じていきます。読者のみなさんには，その理解に基づいて，ご自身の置かれた様々な状況，環境における身体表現の力がどのようなものであるかを再考するための第一歩としていただきたいと思います。また，第Ⅰ部と第Ⅱ部で紹介する事例にみられる身体表現の力を通読することで，実践の際には，理論に基づいてそれぞれの状況，環境に応じたアレンジを加えることができ，さらにオリジナルな実践を可能にすることにつながっていくことを期待しています。

　なお，第Ⅰ部では，実践につながる理論を理解するために，まずは私たちの日常生活における身体表現のありようと日常的な身体表現の延長線上にある舞踊と人間の関わりを概観し，そのうえで臨床舞踊学の理論的側面をみる，という構成にしています。具体的には以下のような構成となっています。

　第1章は私たちの日常的な身体表現とコミュニケーションを取りあげます。後にみるように日常的な身体表現と舞踊は根を同じくする連続体であり，舞踊理解のためには，日常的な身体表現の理解が前提となります。

　第2章では，舞踊と人間の関わりについて，歴史的視点と人間の欲求という視点から舞踊の拡がりをみていきます。

　第3章ではイメージ，身体，動き，創造性をキーワードに，舞踊の成り立ちを概説します。

　第4章では，舞踊におけるコミュニケーションの諸相や特性，身体的コミュニケーションの基盤である情動調律や場の問題を取りあげ，そこから身体表現の意義を論じていきます。

第1章

身体表現とコミュニケーション

1　からだは情報の発信・受信の基地

（1）情報に満ちあふれたからだ

①　からだを読む

　あなたがそこにいる。その時あなたは情報を発信しているという意識をもっていないかもしれませんが，人間は無意識のうちに情報を発し，また，他の人のからだから情報を読みとってしまう存在です。

　たとえば，あなたが友人とコーヒーショップで待ち合わせをしているとしましょう。あなたが席に座って友人が来るのを待っていると，ガラス越しに友人が軽やかな足取りでやってくるのが見えます。その足取りからあなたは「何かいいことがあったのかしら」と感じ，コーヒーショップに入ってきた友人と目で挨拶を交わしたとき，挨拶する友人の表情やからだの動きから，あなたはその友人の喜びを確信します。同様に，友人もあなたの表情やからだからたくさんの情報を受けとっています。このような出会いにみられるように，言葉を発していない，2人が出会ったその瞬間に，情報を発信しあい，瞬時に読みとりあっています。

　そして会話が始まります。その時，あなたは，相手の言葉のみならず，相手の話し方（声の高さ，大きさ，間合いのとり方など），表情，姿勢，頭や手の動きなど，相手のからだの在り方も含めて相手の考えや感情を感じとっています。同時に，あなたがどのように感じているかは，あなたのからだの在り方を含めたあなたの存在によって相手に感じとられています。あなたの話に友人が相槌

3

を打ったり，身を乗り出してくれば，あなたは話し続けることができ，逆に友人が口では「わかる，わかる。そうよねー」と言いながらも，きょろきょろ辺りを見たり，所在なさげにスマートフォンを触れば，あなたは話し続ける気持ちが失せるでしょう。このようにお互いのからだの在り方が2人の会話の成立を左右していることがわかります。

② 内面を伝達する身体の動きと表情

荘厳舜哉は，表現しようとする意図のない姿勢や動き，すなわち無意識的な姿勢や動きは，無意識的に行われるがために内面の情報を伝達してしまい，身体の動きは顔の表情の動きよりも偽装しにくく，身体の動きが隠すべき情報を洩らしてしまうことが明らかになっているといいます。またエクマン（Ekman, P.）とフリーセン（Friesen, W. V.）が「身体と顔とは，それぞれ別の情報を提供するものであり，顔が人の感情を表すのに対し，身体は人々がどのようにその感情を処理しているかを表す」（エクマン・フリーセン，1975；工藤，1987）と述べているように，身体の動きは顔の表情とともに，私たちに情報をもたらしていることはこれまでの研究によって知られています。身体の動きの表現性に関する研究は少ないですが，「手も足もでない」「手をさしのべる」といった表現にみられるように，私たちの感情は身体の動きに反映されていることが知られています。

このことについて松本千代栄は，身体の動きの対立的な条件をもとにして，「身体動作で代弁される感情の形容語」を分類し，たとえば，「身が縮む」「肩をおとす」「腰が低い」などの身体を低く，屈し，縮小的に用いる動作は，一般的に抑制的な感情につながり，逆に「胸をはって歩く」「大手を振って歩く」などの身体を伸ばし，拡大的に強く動く動作は，誇りや権威，明るさや生き生きした感情につながり，また身体動作をさらに強くし急激的に変化させる動作「とびあがって喜ぶ」「とびあがって驚く」などは強い喜びや驚きを示し，情動の強さと動作の強さの一体を示しているとしています（図1-1）。

さらに松本は「目尻をさげる」「柳眉を逆立てる」といった顔で代弁される感情を示し，人間のもつ喜怒哀楽の多くは身体動作で形容され，とりわけ目の

第1章　身体表現とコミュニケーション

図1-1　身体動作で代弁される感情

出所：松本, 1971, p. 253

動きは複雑な感情の機微を表しているものと捉えることができるとしており、ここには写真的な一瞬ではない、動きのプロセスにみられる感情の特徴が示されています（図1-2）。

第Ⅰ部　身体表現の力を理解するために

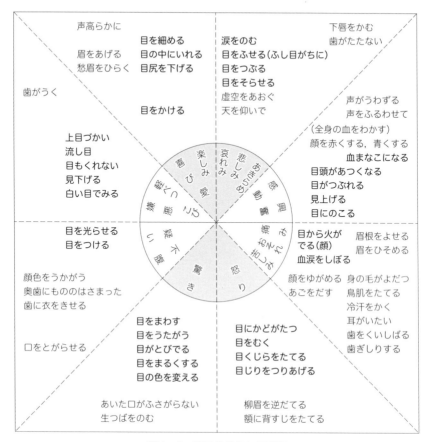

図1-2　顔で代弁される感情

注：太字は目，細字は他の部分
出所：松本，1971，p.254

　このようにみてくると，意識することなくそこに在るだけで意味を生み出してしまい，同時に，自分を取り巻く環境から意味を感受してしまう私たちの身体は，情報に満ちあふれたからだであることがわかります。

（2）生き生きしたからだ

①　まるごとのからだ

　うれしいことがあれば飛びあがって喜び，憂鬱な気分のときには何もする気

第1章　身体表現とコミュニケーション

になれず，またムシャクシャするときには，とびきり高価な買物をしたり，思い切りからだを動かしたりするとスカッとする……，日常生活の中で私たちが経験しているところの心と身体の在り方は，人間の身体と心が本来不可分であるということを意味しています。身体と心が不可分であるとは，身体の在り方がそのまま心の在り方であり，また心の在り方がそのまま身体であるという心身一如の状態を意味し，筆者はこの心身一如のからだを，心も身体もすべてひっくるめた「まるごとのからだ」と呼んでいます。「まるごとの」とは，その人の全存在をかけてという意味をこめ，強調した言い回しであり，文中では多く「からだ」と表記しています。

　私たちの行動はすべて，この「まるごとのからだ」によって行われています。そして代謝と運動の機能が十分に働き，また，触覚や筋肉感覚などのように直接的に自分自身のからだの情報をキャッチする身体感覚とそこから生まれる身体感情が十分に働いているからだを筆者は「生き生きしたからだ」と呼んでいます。

②　自己同一性という感覚

　精神科医のローウェン（Lowen, A.）は，およそ半世紀前に，現代人の不健康の根底を成す原因の1つとして自我と肉体の分裂をあげ，その治療法として，身体に働きかけて心を動かすバイオエナジェティックスという療法を生み出しました。ふつう私たちは自分のからだと触れあい，自分の顔の表情や姿勢，振る舞いに気づいていますが，そのような気づきがないなら，肉体と心に分離してしまい，自己同一性の感覚を失ってしまいます。自己同一性の感覚を失うことは自己の感情の喪失でもあり，自己同一性の感覚に混乱のある人は生き生きしたからだとは縁遠い状態にあることがわかります。ローウェンが *The Betrayal of the Body*（『引き裂かれた心と体』）を出版してから半世紀たった現在においても，自己同一性の感覚に混乱があり，それが原因で心身両面に不調がある人々の増加がみられます。

　ローウェンは，健康な人は自我と肉体は同一化している，すなわち自己についての意識的な感覚と自分自身についての本当の感覚にずれがないとし，この

7

第Ⅰ部　身体表現の力を理解するために

自己同一性の感覚は身体感覚から成り，身体感情に支えられたとき，自己同一性は実体と構造をもつと言っています。このように身体感覚と身体感情がきちんと働いている健康なからだからは生命感が感じられます。

ふつうに健康であれば，自己同一性は自明のことなのですが，人間疎外ともいえるストレスの多い現代社会では，心と身体が引き裂かれた，あるいは引き裂かれつつある人々が増えてきていることを精神科医達が指摘しています。そのような状態になると生き生きしたからだを喪失し，身体内部の感情や感覚を自分自身のものとして，あるいは自分自身の身体から起こるものとして感じられなくなります。つまり，身体感覚や身体感情を喪失して，自分の身体との接触を失い，現実が姿を消してしまった状態です。

③　身体感覚・身体感情の働くからだ

先に，筆者は身体感覚・身体感情が十分に働いているからだを「生き生きしたからだ」と呼んでいると言いました。これは，ローウェンの，身体感覚・身体感情がきちっと働いている状態が健康で，身体感覚・身体感情を喪失した状態は不健康という見方に照らしてのことです。

生き生きしたからだは，自分の顔の表情や姿勢，振る舞い，そこからもたらされる感情などまるごとのからだの在り方に気づいているだけでなく，自身のからだと世界を関係づけます。つまり，外部環境は身体や感覚を刺激することによって人に喜びや苦痛などを与え，人は自分の身体を通して世界の現実を体験することができるのです。しかし，外界からの刺激の欠如と身体内部の活動性が低下してしまうと身体感覚が減少し，その結果，身体感情も減少してしまいます。身体内部の活動性の低下は運動と関係しています。このことについてローウェンは次のように説明しています。

　「体が生きているということは，代謝と運動の機能が十分に働いているということである。代謝は運動を起こすためのエネルギーを供給している。代謝機能が低下すると，明らかに運動能力も低下する。しかしこの関係は可逆的にも働く。身体の運動能力の減少は，どんなものであっても，代謝に影響する。このことが，運動能力が呼吸にたいして直接的に影響するという理由である。一般

的には，動けば動くほど，呼吸も盛んになる。運動が減少したとき，酸素の吸入も減る。そして代謝の活動はより穏やかなものになる。活動的な身体は，自発性と自然な呼吸とに特徴づけられている」。

（ローウェン，1967；新里・岡，1978）

　このように，代謝と運動の機能に呼吸を加えて三者の関係を捉え，そこから生きている姿を浮かびあがらせるローウェンの説明は，舞踊実践と舞踊研究に携わっている筆者らにとって，実体験の中で捉えている身体感覚と身体感情がしっかり働いた生きる姿につながります。呼吸と運動と感情の関係は，舞踊実践にとって根源的な意味があります。このことについては，第5章の精神病院・デイケアでのダンスセラピーのところで述べることにします。

　さて，ここまでみてきた生き生きしたからだとは活動的な身体であることがわかります。

　活動的な身体とは，自発性と自然な呼吸に特徴づけられて，動きも活発で，呼吸は動きに応じて深くなったり，浅くなったりと変化し，感情も呼び起こされ，躍動感があって生き生きとしています。このような自我と身体が同一化した活動的な健康人の生き生きしたからだは，その生き生きしたからだで現実を感じとり，活動的に反応もします。すなわち，そのようなからだは物事を感じとる能力があるということで，さらに世界をよりはっきり感じとることができるのです。

　身体感覚と身体感情が十分に働いている生き生きしたからだは，自分のまるごとのからだの在り方を知り，また，世界の現実を生き生きと体験するという2つの役割をもっています。

2　まるごとのからだによるコミュニケーション

　健康な人の生き生きしたからだは，世間や人々との関係をはっきり感じとれるからだであり，そのようなからだは豊かなコミュニケーションにつながっていきます。そして，豊かなコミュニケーションは，私たちが1人の人間として

第Ⅰ部　身体表現の力を理解するために

成熟していくとき，欠くことのできないものなのです。

（1）人間形成とコミュニケーション

①　パーソナリティの形成──社会化と個性化の過程

　私たちが1人の人間として成熟していくとは，その人がその人らしくなっていくことです。「その人らしさ」とは，その人の気分や感情の特徴（気質）や，要求や意識の特徴，あるいはものの見方，考え方や行動の特徴などを含んだ「その人となり」，すなわち，パーソナリティを意味します。

　パーソナリティの形成とは，その個人の特徴が，ある程度の一貫性と独自性を確立していく過程であり，個性化の過程です。しかし個性化は他人との関わりなくしてはありえません。私たちは人の中に生まれ，様々な関係の中に生きているわけであって，多くの人々との出会いの中で個性も育まれていきます。物事の感じ方や考え方，また行動の仕方が自分と似ている人との出会いの中で，あるいは逆に，自分とは異なるタイプの人との出会いの中で，人と似た自分を確認したり，今まで知らなかった自分の一側面を発見したりすることができます。似たようなタイプの人間同士の付き合いは，ある刺激に対する反応の仕方が似ているために，お互いに，各人の感じ方や考え方，行動の仕方に対する新しい刺激になることは期待できません。これに対し，感性や思考，行動のタイプが異なる人との出会いは，その相違が新鮮な刺激となります。

　このようなお互いの個性を刺激できるような数多くの出会いを通して，私たちの潜在的な個性は顕在化されていきます。したがって，パーソナリティの形成とは，個性化の過程のみならず，一人ひとりの社会化と個性化の過程という方が適当でしょう。

②　人間の欲求の階層

　この社会化と個性化，すなわち自己のパーソナリティの形成は，どのような力によるのか，またどのようになされるのかについて理解するために，人間の動機について成長動機を提唱したマズロー（Maslow, A.）の人間の欲求の5つの階層が1つの手がかりになります。

第1章 身体表現とコミュニケーション

図1-3 マズローの欲求の階層

　マズローは「人間というものは，つねに何かを欲している動物であり，ほんの短時間を除いて，完全な満足の状態に到達することはほとんどない。1つの願望が満たされると，それに代わって別の願望がひょっこり現れる。それが満たされるとまた別の願望が前面に現れるといった具合である。全生涯を通じて，実際，何かを欲し続けるのが人間の特徴であると言えるのである。そこで我々は，すべての動機づけ間の関係を学ぶ必要が出てくる（中略）第一に人間というものは，相対的にあるいは一段階ずつ段階を踏んでしか満足しないものであり，第二にいろいろな欲求間には一種の優先序列の階層が存在するという事実がある」（マズロー，1954：小口，1987）といいます。その欲求の階層とは図1-3に示すように5つの階層から成り，生理的欲求が満たされると，安全を求める欲求が出現し，それが満たされると所属と愛の欲求が，これも満たされると承認の欲求が現れ，これらがすべて，かなりの程度満たされると自己実現の欲求が出現することを示しています。

　このマズローの欲求の5つの階層は，私たちの人間関係の在り方に照らして確かに実感できます。しかし，下位の欲求が満たされて初めてその上の欲求が現れるという出現の順序については実感と異なる方もおられるのではないでしょうか。必ずしも下位の欲求の充足から上位の欲求の充足へと直線的に進むのではなく，ある階層を飛び越えたり，下位の階層に戻ったりと欲求出現の順序は固定的ではないというのが実感でしょう。そして，この実感にしっくりくるのがマズローの5段階を3段階に整理し，人間の欲求を下位から生存欲求（E：

11

第 I 部　身体表現の力を理解するために

existence），関係欲求（R: relatedness），成長欲求（G: growth）とする ERG 理論
を唱えたアルダーファ（Alderfer, C. P.）の欲求理論です。ERG 理論はマズロー
の理論に大変よく似ていますが，欲求の生じ方については異なります。アルダ
ーファは，基本的には下位の欲求から満たそうとするが，必ずしも下位の欲求
が満たされなくても上位の欲求がでてくるとし，また，異なる段階の欲求が同
時に存在しうるとしています。このように，欲求の出現の順序が入れ替わった
り，異なる段階の欲求が同時に存在しうるというアルダーファの見方は柔軟性
があり，しっくりきます。したがって，マズローの 5 つの階層に依拠して人間
を考えるときには，アルダーファの欲求の出現順序も念頭においておく必要が
あるでしょう。

③　欲求の充足と自己実現

　さて，欲求の発生について，少々，回り道をしました。次に発生した欲求が
どのように充足されるかについて，みていきましょう。マズローは 5 つの欲求
充足について，生理的欲求から承認の欲求までの 4 つの欲求を欠乏動機（欠乏
欲求）に，そして 1 番上位にある自己実現の欲求を成長動機（成長欲求）という
ように二分しています。欠乏欲求が，外部からの物や人によって充足されたと
き，満足感をおぼえ，それによって，緊張が鎮静されるのに対し，成長欲求は，
自己の才能，能力，可能性を十分に使用し，開発し，みずからを完成しようと
する，すなわち，自己を実現しようとする人間の本質的傾向であり，そこでの
欲求は自己充足的です。したがって人間の欲求の充足には，他者や物との関わ
りと自己自身の力が必要であり，そのような関わりと力による欲求の充足のプ
ロセスで社会化と個性化がはかられ，自己実現に至ることになります。

　他の人々や物との関わりの中で欠乏欲求がある程度満たされてはじめて出現
する自己実現の欲求は，豊かな人間関係が前提になっているということができ
ます。このことについて，精神医学者であるストー（Storr, A.）は次のように
言っています。「人は誰も，自己実現，すなわち，人格の完全なる開花を，求
めているのであり，またそのような開花が生じうるのは，満ち足りた対人関係
という名の豊かな土壌の上においてでしかない」（ストー，1960；山口，1992）。

第1章　身体表現とコミュニケーション

　さて，ここでいう満ち足りた人間関係ですが，その度合いをはかる重要な尺度の1つは，他の人が自分と違っていることを認めることができるかどうかということにあります。他の人々とよいコミュニケーションをはかれている人は，他人の個性を認めることで自分の個性にも気づくことができるのであり，これは，マズローのいう承認の欲求が相互に満たされる関係を意味します。

　真に個性化を遂げつつある人は，他人の個性に気づき，それを認める中でみずからの個性にも目覚めている人であって，自他の異なりを認められない人はみずからの個性化の過程も貧弱なものでしかありません。

　ここまでみてきたように，パーソナリティの形成は社会化と個性化の過程であり，自己実現へと向かう過程なのです。そして社会化や個性化をもたらすのは，人間の様々な欲求を満たす他者との関わりや自己充足であり，これはコミュニケーションの力によるといえるでしょう。

　そこで次に，そのような力をもつコミュニケーションの姿についてみていきます。

（2）自分の内と外，2つのコミュニケーション

①　自分の内部世界・外部世界との関わり

　コミュニケーションといえば，他者や他の物とのコミュニケーションと思いがちですが，実はそれだけではなくて自分自身とのコミュニケーションもあり，自分の内と外，この2つのコミュニケーションがバランスよく行われているのが自然なコミュニケーションの姿です。

　私たちが自分の外側の世界，また内側の世界と関わるのは，生き生きしたからだでみたようにまず身体を通してです。つまり，私たちは感覚を手がかりにして自分の外部や内部と関わるのであり，この感覚とは，哲学者の市川がいうように，私たちが「世界と交わり，世界を開示する基盤」（市川，1984）です。私たちは，身体感覚が鋭敏でなければ自分の内部世界とも外部世界とも関わることはできません。

　身体を通して，外部世界と関わり，また他ならぬ自分自身の身体でみずから

13

第Ⅰ部　身体表現の力を理解するために

の内的世界を感じ，関わるという，2つのコミュニケーションにおける身体とは先に述べた「まるごとのからだ」であり，「まるごとのからだ」による自分の内と外とのコミュニケーションは，人間の成長に不可欠なのです。

②　自分の内とのコミュニケーション

　自分の内とのコミュニケーションは，人間がごく自然な環境の中で育っている場合には，当たり前のように行われています。現代のような教育過熱の時代においては，「自分のしたいこと」を自分から見つけ，実行しているのは小学校低学年の頃までだけかもしれません。自分のしたいことを自分から見つけ，実行するということが，自分の内とのコミュニケーションの1つの姿ですが，学年が上がるにつれて，生活の多くの時間を勉強に当て，勉強以外のことを考える時間がなく，自分のしたいことを感じたり考えたりしない生活になると，自分の内とのコミュニケーションの機会は次第に失われていきます。そして，大学に進学したり社会に出たりして，小学校低学年の時以来もてなかった自分で好きなように使える自由な時間をもてるようになると，それまでじっくり見つめたことのなかった自分の心を見つめて，「自分とは何なのか」「今の自分はいったい何をしたいのか」「将来何をしたいのか，また何かできるだろうか」などと考え，自分の理想と現実を見きわめながら，次第にアイデンティティを確立するようになります。ところが，中には長い間自分の内とのコミュニケーションを欠いていたために，どのようにすれば自分の内とのコミュニケーションをはかれるのか，戸惑い悩む人もいます。

　内面とのコミュニケーションも人間にとって必要不可欠であり，本来は不断に自分の内面とのコミュニケーションをはかっているはずです。様々な人との出会いや，様々な体験，環境などが契機となって，内とのコミュニケーションがはかられ，その中で，人はいつもと違う新しい自分，真の自分に出会い，自分をよく知っていくのです。

③　外とのコミュニケーション

　外部とのコミュニケーションは，私たちに様々な人間関係や知識をもたらし，自分自身を知る契機ともなりますが，外部とのコミュニケーションのうち，個

14

第1章　身体表現とコミュニケーション

性が開花するための土壌である人間関係を豊かにする他人とのコミュニケーションとはどのようなものなのでしょうか。

　他人とのコミュニケーションは，お互いに相手の立場に立てるということのうえに成立します。

　私たちが，コミュニケーションの手段として日常最もよく使用するのは言語であり，自分の伝えたい内容を適切な言葉で表現できることが必要であることはいうまでもありません。しかし実際には話される言葉だけでコミュニケートしているのではなく，先にみたように顔の表情，身振り，手振り，声の調子，声の大きさなど（以下，これらの総称をボディランゲージと呼びます），話し手のまるごとのからだが発する情報をも含めて，コミュニケートしています。

　文化人類字者のホール（Hall, E. T.）は，このようなボディランゲージに「共調動作（synchrony）」をみ，多くの人々の実際の動きの観察から，「他人と接しているとき（全身的にであれ，部分的にであれ），人間は，一緒に動くか，そうでないか，のどちらかである。一緒に動かないということは，周囲の人々と食い違っているということである。（中略）共調しているということそれ自体が，1つのコミュニケーションなのである」（ホール，1976：岩田・谷，1979）と述べています。このホールのいう「共調動作」とは，誰に習うこともなく無意識のうちに相手と相互にからだの動きがシンクロすることを意味しており，「共鳴動作」とか「感応的同調」と呼ばれるものと同質です。それは相手を頭で理解するのではなく「身をもって知る」ということを意味しています。したがって，他の人々と豊かなコミュニケーションをはかるためには，感応的同調を生み出すボディランゲージがベースになければならないことになります。

　ところが現代に生きる私たちはあまりにも言葉に頼ったコミュニケーションに偏っているのではないでしょうか。子どもと大人，大人同士，子ども同士といったいずれの関わりにおいても共に行動し同じ体験を共有するという経験が乏しいことがそのような偏りを生み出す一因となっています。

　次節「からだは語る・からだで語る」，でみていくように，ボディランゲージには生得的なものもありますが，大部分はその人が育つ社会の中でみずから

15

第Ⅰ部　身体表現の力を理解するために

のからだで学習し，次第に獲得していくものです。したがって，人々と体験を共有し，感応的同調が起こるからだを取り戻すことにより，他の人の喜びや痛みを身をもって知ることができるようになります。そうなったとき，言葉そのものの意味にとどまらず，まるごとのからだから流れ出る意味も含めて，相手の意図を深く受け止めるコミュニケーションが生まれてきます。

④　内と外，2つのコミュニケーションの循環

　内と外，2つのコミュニケーションの関係は，自己の内面とのコミュニケーションがはかれるということが他の人々とより豊かなコミュニケーションをはかるための必要条件であり，この他者とのコミュニケーションがまた自己とのより違ったコミュニケーションの契機になる，というように，自他，2つのコミュニケーションは互いに循環して豊かになっていきますが，そこでは感応的同調の起こるからだがポイントになります。

　自分とのコミュニケーション，他者とのコミュニケーション，いずれにおいても，自分から能動的に自分自身にあるいは他者に働きかけると同時に，前者では自分の内からわきあがるものを，後者では相手からの働きかけを受動し，また能動的に働きかけるというように，能動‐受動が有機的に作用しています。

　このように，コミュニケーションとは，自分の内との交流を基盤に，様々なレベルで人や物と関わり行動する中で，お互いに影響を与え，与えられ，わかりあうプロセスなのです。

（3）感性的コミュニケーションと理性的コミュニケーション

①　からだが発するメッセージの授受

　対面でのコミュニケーションでは，言葉だけでなく，声の大きさや調子などの話し方，顔の表情，姿勢，ちょっとした身振りなど話す人のからだから発信されるものすべてがメッセージとなっています。聞き手は，話し手の多チャンネルを通して発せられるメッセージからその内容を感じとり，話し手は自分が話している間にも聞き手が示す声や身振り，顔の表情で相手から，自分のメッ

セージがどのように受け止められているかを推測しているというように，話し手も聞き手も多チャンネルでのメッセージを発信し受信しています。そして，話し手と聞き手は容易に入れ替わって，コミュニケーションは進んでいきます。このような会話場面において，その多くは，話し手も聞き手も話し方や顔の表情，身振りなどのメッセージを発信しているという意識をもっていないと思われますが，人間は無意識のうちにメッセージを発し，また，他の人のからだからメッセージを読みとってしまいます。ここでのコミュニケーションにおいては，顔の表情，姿勢，身振りなどは，言葉を補う，あるいは，言葉とは異なるメッセージを伝えるという働きをしています。このことについては，次節で詳しく取りあげます。

②　身体に根差した感性的コミュニケーション

さて発達心理学者の鯨岡峻（1997）は，コミュニケーションの原初的なかたちを探究する中で，コミュニケーションに「感性的コミュニケーション」「理性的コミュニケーション」という2種類をみ，感性的コミュニケーションが原初的であり，コミュニケーションの本体であるといっています。

鯨岡によれば，理性的コミュニケーションとは，言葉や数字などのもつ一義的な意味に基づいた正確な情報のやりとりや，厳密な認識の交換を目指し，他方，コミュニケーションの本体である感性的コミュニケーションとは，身体に根差したコミュニケーションで，そこではお互いの気持ちのつながりや情緒的経験の共有を目指すものです。

赤ちゃんは誕生後すぐに泣いたり，手足を動かしたりすることによって，自分の欲求を表し，大人は泣き声や動きからその欲求を感じとるというように，人間の最初のコミュニケーションは身体に根差した感性的コミュニケーションです。そして，成長にともなって言葉を使うようになっても，言葉を覚えたての頃は，まだ感性的コミュニケーションの働きが強いのですが，しだいに正確な情報や観念の伝達と理解が目的である理性的コミュニケーションのきざしが見えるようになります。さらに成長し，言葉を駆使するようになると，理性的コミュニケーションの働きが旺盛になりますが，感性的コミュニケーションが

第Ⅰ部　身体表現の力を理解するために

その理性的コミュニケーションの基底に存続することによって，言葉と共に素朴な気持ちの共有から腹の探り合いまでを包含するようになります。このように，人間のコミュニケーションは感性的コミュニケーションから出発し，成長にともなって理性的コミュニケーションが行われるようになりますが，コミュニケーションの基底部には，つねに感性的コミュニケーションがあり，理性的コミュニケーションはその上層部に位置します。この基底部と上層部という言い方は，なにか，上層部の方がより進化したコミュニケーションであるという印象を与えるかもしれません。しかし，言葉を使う，すなわち理性的コミュニケーションの能力を獲得した後も，人間は，言葉によらない感性的コミュニケーションによって，お互いの内面を直接的に強烈にコミュニケートするのであって，感性的コミュニケーションがコミュニケーションの基底部であるということは，理性的コミュニケーションを欠くコミュニケーションはあっても，感性的コミュニケーションを欠くコミュニケーションはありえないということなのです。

　このように，感性的コミュニケーションこそ，コミュニケーションの本態であり，感性の働く状態でのコミュニケーションを通して，私たちはお互いをよくわかりあえるのです。

③　対面でのコミュニケーション

　現代は，コミュニケーションの手段が急速に多様になり，対面でのコミュニケーションに代わる様々なコミュニケーションの形態が生まれてきています。たとえば，スマートフォン，携帯電話，ファックス，Ｅメールなどのコミュニケーション手段の感性的側面をみると，電話には，声の張り，大きさ，話し方などがあり，手書きのファックスには字の大きさや筆跡の勢いなどがあります。ところがキーボードで打たれたファックスやＥメールにはほとんど感性的情報がありません。電話，ファックス（手書き），メールと後の時代に生まれたものほど，対面でのコミュニケーションに比較して感性情報が少なく，その人らしさを欠いたコミュニケーションになってきています。

　「あなたも私も，それぞれ，かけがえのない存在である」という確信をもつ

ためには，その人らしさが伝わるコミュニケーションが必要であり，それは，感性的コミュニケーションが十分に働いている対面でのコミュニケーションということになります。

3 からだは語る・からだで語る

歩き方，話し方，箸の持ち方，ご飯の食べ方，くしゃみの仕方……おそらく本人は意識していないであろう何気ない振る舞いを見て，優雅さや粗暴さを感じとることがあります。その一方で，私たちは，口の前で指を立てたり，耳のそばに掌をかざしたりすることで，「静かにしてほしい」や「聞こえないのでもう一度話してほしい」といった意図的なメッセージを伝えることができます。このように，身体表現には本人の意識とは別にからだを発信基地として何らかのメッセージが伝わる（伝わってしまう）ような側面（からだは語る）と，伝えたいメッセージが意識的な身体動作として表現され伝えられるような側面（からだで語る）があります。

（1）からだは語る──表出されるものとしての身体表現

① その人らしさの身体化──ハビトゥス

私たちは，ご飯の食べ方や歩き方，話し方といった振る舞いから，その人の人となりや育ちを想像してしまいます。社会学者のピエール・ブルデュー（Bourdieu, P.）は，このように人の何気ないしぐさや日常の行動に組み込まれた習慣を「ハビトゥス」という術語で説明しました（ブルデュー，1979；石井，1990）。

ハビトゥスとは，ブルデューによる用語で「社会的に獲得された性向の総体」を意味します。手の大きさや足の長さ，顔つきなど身体の形状，容貌がある程度生得的に決定づけられている一方で，ハビトゥスは，後天的に獲得される性向とされています。たとえば，生まれつきの足の長さは変えられなくても，その足でどのように歩くかによって，その人が「清楚な人」として見られるか，

「活発な人」と見られるか変わってくるでしょう。また，顔は整形手術でもしない限り変えることはできませんが，話をするときや歌を歌うとき，怒るときや笑うときにどのように目を開き，どの程度口を開けてどのような表情をするかが，もって生まれた容姿以上にその人の「顔」として記憶に残ります。したがって，ハビトゥスとは，その人が育った環境，文化的背景，所属するコミュニティ，あるいは本人の生活習慣の中で，年月を経て蓄積される「その人らしさの身体化」と言い換えることもできます。興味深いのは，多くの人が，自分がどんな顔をしてご飯を食べているのか，どんな歩き方をしているのか，どんなフォームでスポーツをしているのかをほとんど意識していないにもかかわらず，他者はその「食べ方」や「歩き方」，「フォーム」から，その人らしさを読みとってしまうところです。通常，自分自身のハビトゥスを本人が意識することはほとんどありません。つまり，本人は意識していなくとも，からだは多くのことを語ってしまうのです。

　たとえば，箸の持ち方やご飯の食べ方，椅子に座るときの姿勢や歩き方などは，いわゆる「しつけ」の影響を多分に受けていますから，その所作から幼少期の家庭環境が垣間見えるかもしれません。また，各家庭でよしとされる「しつけ」も，その時代や社会に根差した規範によって決定づけられます。また，長年教師をしている人は，いわゆる「先生口調」になるかもしれませんし，ダンスを習っていた人は，日常生活でも振る舞いが優雅であるといわれることも多く，からだは，その人の社会的立場や職業なども伝えてしまうといえます。このように，長年かけて蓄積されたハビトゥスは，その人が，どのような社会に属し，どのような家庭環境で育ち，どのような職業に就いているかさえも伝えてしまうのです。

②　動作に表れる真実——身体ねじり

　さて，本人が意識せずともからだが語る内容は，ハビトゥスのようにその人その人に固有の人となりだけではありません。その場の状況に応じて表出された，本人にとって無意識な身体表現が，その人が何を思い，何を感じ，どのような状態であるかを語ります。その一例をみてみましょう。

会社でデスクワークをするあなた。パソコンに向かって，必死の形相で仕事を片付けています。横から同僚が話しかけてきました。あなたは，いったん手を止めて，話しかけてきた同僚の方に顔を向けますが，身体はパソコンの方に向いたままです。あなたは同僚との会話を手短に終わらせた後，すぐさまパソコン画面に顔を戻し作業を再開しました。さて，この「顔をちょっと話し相手に向けて，またすぐに戻す」という動作，日常ありふれたもので，違和感を覚えることはないでしょう。同僚と会話するわずかな時間に見られるような，顔と身体が別々の方向に向いている姿勢を，社会学者のシェグロフ（Schegloff, E. A., 1998）は「身体ねじり（body torque）」と呼びました。シェグロフによると，「身体ねじり」の状態にあるとき，下半身の方向は主要的な関与を，頭部の方向は副次的な関与を示しているのだそうです。つまり，前述の例でいえば，あなたにとって今，主要な活動はパソコン作業であり，同僚との会話は副次的な作業であるということを，あなたの「からだ」が，暗に示していることになります。あなたのその様子から，同僚たちは，あなたが今非常に多忙で，同僚と話をしている時間すら惜しい状態であることを察知するのです。「そんなつもりはない」と思うかもしれませんが，今度は，会社の社長があなたに話しかけてきたと想像してみてください。無意識のうちにあなたはパソコンの手を止めて，身体，顔ともに社長の方に向けるに違いありません。社長との会話が「副次的な作業」だと思われたら大変だからです。この例のように，私たちは，日常的に会話の相手，文脈や状況に応じて，自分の身体を暗黙のうちに操作しているのです。そして，無意識に表出されたその動作から，他者には，その人の心の中が見えてしまうのです。

（2）からだで語る—意識的な身体表現

① 身振りと言語

私たちが他者とコミュニケーションをとるとき，直接的に伝えたいことを伝達するための手段として言語が有効であることはいうまでもありません。自分が何者なのか，何を考えているのか，どのような気持ちなのか，を言語で語る

第 I 部　身体表現の力を理解するために

ことで，相手には明瞭なメッセージが伝えられます。このように，言語が私たちの意思を意識的に伝達する手段として重点が置かれることによって言語学が発達してきました。その一方で，姿勢やしぐさなどの言語によらない情報伝達手段は非言語情報として区別されることとなり，特に科学の研究対象としてはあまり扱われてきませんでした。しかし，近年では，人の深層部分では統語的思考（言語に関わる思考）とイメージ的思考（イメージに関わる思考）が未分化な状態にあり，それが一方は音声チャネルを通じて「言語」として，そしてもう一方は身体チャネルを通じて「身振り」として表層に発現するという考え方が主流になってきました（McNeill, 1992）。つまり，「身振り」は「言語」を補足するための道具ではなく，言語と同等に重要な情報伝達手段なのです。以下に具体例をみてみましょう。

②　身振りの種類と役割

対面の会話においては，人差し指と親指で丸を作って見せることで，相手に「OK」という意味が伝達されます。このように身振りと意味の関係性が同一の文化圏内において共有されているようなものを「エンブレム（標識）」といいます（齋藤・喜多，1992）。古くは，デズモント・モリスの「マンウォッチング」（モリス，1977；藤田，1980）に代表されるように，文化人類学や社会心理学などの分野で「身振り言語」や「ボディランゲージ」として研究されてきたものの多くは，このエンブレムに該当する身振りでした。日本において手の平を下に向けた「おいでおいで」を意味するエンブレムが，別の文化圏では「あっちへ行け」を表すことは有名です。しかし，実際私たちが他者との会話の中で行う身振りには，エンブレム以外にもあります。

たとえば，煙突から煙が出ている様子を説明するとき，その様子を描写する際の身振りは，「両手を胸の前に出してフワフワと動かす」「片手で人差し指を立ててジグザグに動かす」など，どのように表現してもかまいません。このように，形と意味の関係に自由度が残されていて，表現内容に応じてその場その場で形を変える身振りのことを「表象的ジェスチャー」といいます。説明しようとしている対象が，どのような形状をしているか，どのような位置関係にあ

22

るか，どのような状態であったのかを描写するための動作です。たとえば，先ほどの煙の例でいえば，「煙突から煙が出ていましたよ」と話しながら，両手を激しく動かしていたなら，かなりの量の煙が立ち上がっていたことが伝わるし，人差し指をスッと上に向けただけなら，わずかな煙しか出ていなかったと理解されるでしょう。物体の形状や位置関係の説明をするときに，身振りを抑制すると発話もスムーズに進まなくなるという研究がありますが，人は巧みに身体表現を利用してコミュニケーションを行っているのです。

　さて，お互いの気持ちのつながりや情緒的経験の共有を目指した感性的コミュニケーションについて先に述べましたが，他者と感性を通じた関係を構築するために，身体表現は重要な役割を果たします。たとえば，落ち込んでいる友人の目を見つめながらしっかり手を握りしめる動作は友人に対する励ましを伝え，成功を喜ぶ友人に送る拍手は祝福の意を伝えます。これらの動作はメッセージを「正確」に伝達するために用いるわけではありません。自分の内面を直接的に強烈に相手に伝達する手段として，身体を介した感性的コミュニケーションを行っているのです。このように，感性的コミュニケーションでは，人の感性に直結した身体表現が基盤となります。人と信頼関係を築くために感性的コミュニケーションを行うことは欠かせず，そのために私たちは感性を込めたからだで語ります。「申し訳ない」という謝罪の気持ちを表すために深々と頭を下げたり，「おめでとう」の気持ちを表すために笑顔で手を叩いたりするのも，「正確」に情報を伝達するため，というよりは，「誠実」に気持ちを伝達するためといってもよいでしょう。

③　文化が規定する表現のルール——表示規則

　このように感性的コミュニケーションを実現するための身体表現のルールとして「表示規則（display rule）」と呼ばれるものがあります（エクマン・フリーセン，1975）。通常，私たちはうれしいときには笑顔を見せ，悲しいときには涙を流しますが，エクマンは，人がある感情を表出するときに，実際にどのような表情，行動をするかは，文化によって規定されることを発見しました。たとえば，日本では，親族の葬儀に来てくれた参列者に，「今日はわざわざお越し

くださりありがとうございます」と言いながら，わずかに笑みを浮かべることがあります。本来，笑顔は「幸福」の感情を表す表情ですが，この場合は「幸福」を表しているわけではないことはいうまでもありません。日本では感情をストレートに表出することは粗野でみっともない，と考えられてきたため，悲しみの感情を押し殺そうとするのです。しかも，わずかに浮かべられた笑み（ジャパニーズスマイルとして知られる表情です）は，相手に必要以上に心配をかけまいとする日本人独特の他者への気遣いだといわれています。このような日本独特の表示規則は，たとえば相撲や剣道で勝者がガッツポーズをしてはいけない，といった慣習にも反映されています。日常生活においても，友人があなたにとって退屈な話をしているときに，目も合わせずうなずきもしなければ，「私の話に興味がないの！」と相手を怒らせてしまうかもしれませんし，友人と一緒に受験した試験に自分だけが合格して「やったー！」と跳び上がったら，友人からは「配慮のない人間だ」という烙印を押されてしまうでしょう。私たちは喚起された感情を意識して抑えたり，逆に誇張したりすることが必要で，その文化に適応したかたちで他者と感性を共有し，人間関係を築いているのです。

　このような感性的コミュニケーションがコミュニケーションの本態であることは先に述べたとおりであり，その基盤に豊かな表現性をもったまるごとのからだがあるといえます。お互いの気持ちのつながりや情緒的経験の共有を目指した感性的コミュニケーションを実現するために，私たちはまるごとのからだで語ろうとするのです。

（3）からだで語り，からだは語る

①　まるごとのからだにおける意識と無意識

　手を挙げて左右に振る動作は「さようなら」を意味するエンブレム（意識的な身体表現）です。では，この動作が伝える情報は「さようなら」だけでしょうか。挙げられた手が大きく何度も振られているのを見ると，「さようなら」という意味以外に，「別れたくない」「必ずまた会いたい」といった情報が伝わるでしょう。私たちが意識的に行った身体表現は，その動作そのものが本来保

① 顔の表情にモザイクをかけ，表情を見えないように加工した映像
② ①を反転させ，顔の表情だけが見えるように加工した映像
③ いずれの加工も施さない映像

図1-4　演技に対する満足度を評価するために用いた映像

　有する意味を伝達する一方で，「動作がどのようになされたか」という動きのプロセスもまた多くの情報を伝達します。「さようなら」の動作とその意味は共通であっても，動きのプロセスとそこから立ち上がる情報は人によって様々であり，そこに人となりや，気分，感情といった内面が，半ば無意識に映し出されます。ここまで，無意識に表出された身体表現（からだは語る）と意識的な身体表現（からだで語る）について解説してきましたが，両者は分断されているわけではありません。人が，その人に固有のまるごとのからだで語るとき，同時に，本人の意識以上に，からだは多くのことを語っているのです。

　身体表現には，からだは語る側面とからだで語る側面があり，実際には両者が同時に生じることを示す実験を紹介しましょう（阪田ほか，2000）。実験では，実験協力者に映像を見てもらいます。映像は，フィギュアスケート選手が，パフォーマンスを終えて観客にお辞儀をし，スケートリンクから降りるまでのごく短いものです。映像にはフィギュア選手のパフォーマンスそのものは含まれません。実験協力者には，映像に映し出された選手の様子から「その選手が，今終えたばかりの演技に満足しているか否か」を評価してもらいます。実験に用いた映像は，次に示すような3種類のものです。（図1-4）

　実験協力者は，①の映像では顔の表情が見えないので，身体の動き，様子から，フィギュア選手の気持ちを推し量ることになります。逆に②は顔の表情のみから気持ちを予想します。③は顔も身体も両方見えている通常の映像です。

実験の結果，それぞれ３種類の映像をもとに実験協力者が予測したフィギュア選手の満足度は，いずれもおおむね一致することがわかりました。つまり，顔面表情で表現した（顔で語った）感情と身体で表現した（からだで語った）感情は同じ種類のものというわけです。

②　顔で笑ってからだで泣いて

さて，実験で使用した映像の中に，興味深いものが含まれていました。大会前の評判では入賞候補だったにもかかわらず，演技で失敗してしまい，不本意なパフォーマンスをしてしまった選手のお辞儀の映像です。その選手の①（身体のみ）の映像を見た実験協力者の多くは「不満そうだ」と回答したのに対し，②（顔のみ）の映像を見た協力者は「満足そうだ」と回答しました。顔の表情は満足しているように見えるのに，身体動作には不満が表れているように見えるというわけです。パフォーマンスが不本意に終わったこの選手は，演技後，観客に対する感謝の意を表するためのエンブレムとしてお辞儀を行いました。観客への謝意と，悲しい表情を見せまいとする思いを，意識的に丁寧なお辞儀と笑顔で表現したのかもしれませんが，お辞儀の動きのプロセスには，自身の不本意な思いが漏れ出てしまったといえます。

つまり，私たちは，他者との関わりの中で，意識的にからだを媒体として自己表現していると思いがちですが，実際には本人の意識以上に，本人の意識せざる情報も相手に伝わってしまうのです。このように，自身のからだが自分の意識をどのように反映し，他者にどのようなメッセージを伝えるかを知ることは非常に重要です。自分の内面が，今どのような状態にあり，その状態をからだでどのように語ろうとし，実際にはからだが何を語ったかを知るためには，前述のような自分自身の内（自己）とのコミュニケーションと外（他者）とのコミュニケーションの両方が欠かせません。自分の内面と向きあい，自分のからだで語りながら，それが他者にどのように読み取られ，理解されたかを，他者のからだで語られ，他者のからだが語ったものから読みとることになります。時には意思疎通に成功し，時には誤解を繰り返しながら他者との違いを把握し，自己理解と他者理解が両輪となって進んでいくといえます。

第1章　身体表現とコミュニケーション

（4）身体表現と舞踊

①　舞　踊――日常的な身体表現の延長

　ここまで私たちの日常的なコミュニケーションにみられる身体表現として，からだは語り，からだで語るということと，現実には，その両者が同時に存在するということをみてきました。しかしながら，日常的なコミュニケーションにおいて，からだは語るという無意識的な身体表現はつねに存在しますが，からだで語るという意識的な身体表現はつねに存在するわけではありません。これに対し，無意識的な身体表現を基盤に，からだで語り続けることによってコミュニケーションを生む活動があります。それは身体を素材とした意識的な身体表現である舞踊です。

　さて，ここで舞踊という用語がでてきました。ここまでの内容をお読みいただき，日常的なコミュニケーションの場における身体表現はなるほど，自分にもあてはまると納得していただけたことと思います。ところが「舞踊」と聞いたとたんに，それはあたかも非日常の世界のものであり，ご自分の日常とはかけはなれたところに存在すると思われるかもしれません。しかし，次章でみていきますが，舞踊は生活との密接な結びつきの中で生まれ，うれしいときには跳び上がり，悲しいときには打ちひしがれる，といった私たちの日常的な身体表現が源なのです。つまり，日常的な身体表現の延長線上に舞踊は存在するのであり，舞踊はからだが語ることばをベースにして，自らの内面をからだで語るものとして生じ，このような舞踊における身体表現の様相は，日常的な身体表現と1つの連続体を成しており，実は舞踊は誰にとっても身近な存在なのです。

②　創造的自己表現としての舞踊

　ところで，本書の副題を「舞踊の力」とせずに，「身体表現の力」としたのには理由があります。ここでその理由を述べておきたいと思います。

　第1に，筆者らの実践が，日常的な身体表現との連続性を意識した舞踊の経験によって，本来各人がもっている個性や創造性を陶冶し，そのことが日常生

27

第Ⅰ部　身体表現の力を理解するために

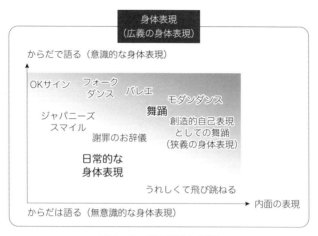

図 1-5　身体表現と舞踊
出所：本書編者・柴と著者による共同作成

活において生きる力となることを目指していることによります。したがって，舞踊の力とつながるものとして，日常的な場における身体表現の力についての概観も含めました。

　第 2 に，日常的な身体表現と連続性のある舞踊ということを考えたとき，「舞踊の力」というより「身体表現の力」の方がしっくりきます。

　第 3 に，書名の副題を「身体表現の力」とすることで，舞踊というと自分には縁遠いものでとっつきにくいというイメージをもつ人々にも本書を手に取っていただきやすくなるのではないかと考えました。そのような方々に本書が対象とする創造的自己表現としての舞踊（自分の内面を表現することに焦点をあてた舞踊）はすぐそこにある，ということを理解していただけることを願っています。

　書名の副題を「身体表現の力」とした理由は以上の通りです。日常的な身体表現は無限にあり，舞踊のジャンルも多岐にわたると同時にジャンルに規定されない多くの舞踊があり，それらすべてを一枚の図で表すことは困難ですが，本書を読み進めていただく際の手助けとして，本書における身体表現と舞踊の関係をイメージ図として図 1-5 に表しました。四角で囲まれた身体表現はあ

らゆる身体表現を包含する広義の身体表現とすると，舞踊もこの広義の身体表現に包摂されます。そして，ジャンルに規定されない舞踊の1つの在り方である「創造的自己表現としての舞踊」は，日常的な身体表現に近いものから，ジャンルでいえば，モダンダンス，コンテンポラリーダンスのように洗練された舞踊まで広がりがあり，洗練の度合いは異なっても，いずれも内面の表現という特性が強いことから「狭義の身体表現」と位置付けています。したがって，「広義の身体表現⊃舞踊⊃狭義の身体表現（創造的自己表現としての舞踊)」という関係になります。

　そこで，これ以降，「身体表現」という場合は，特別な注がない限り，創造的自己表現としての舞踊（狭義の身体表現）を意味します。

　そして，第2章以降では，この身体表現の力の理解に向けて，臨床舞踊理論を取りあげていきます。「舞踊⊃狭義の身体表現」という関係ですので，身体表現の理論は，臨床舞踊理論に含まれています。しかし，創造的自己表現としての舞踊が，それ以外の舞踊に比べて独自にあるいは強くもつ特性に焦点をあてて論じる箇所ではその性格を明確にするために「舞踊」とせずに，「身体表現」としています。

注
(1)　「身体」と「からだ」の表記について。「からだ」とは，心も身体もすべてひっくるめた「まるごとのからだ」であり，「その人の全存在そのものとしてのからだ」を意味しています。これに対し，「身体」は，心との関係は一端脇において，物質としての身体（素材としての身体，道具としての身体)，生理的身体などを意味しています。もちろん，私たちは経験的に人間の心と身体は不可分であると知りつつ，「身体」という用語を使っており，「身体」と「からだ」と書き分けず，すべてを「からだ」と表記することもできるわけです。しかし，舞踊学では「身体」が通例ですので，本書でも舞踊理論においては「身体」を使い，その中でも，「その人の全存在をかけて」舞踊の活動に取り組むことを強調する場合には，舞踊理論の中でも「まるごとのからだ」「からだ」を使用しています。
(2)　「感情」と「身体感情」について。「感情」は，情動，気分，情操，情念，衝動などの心理作用の総称です。「身体感情」は，身体感覚との緊密な結び付きの中で生まれる感情を意味しています。感覚と感情の関係については議論が多く必ずしも明

第Ⅰ部　身体表現の力を理解するために

確になっていませんが，感情は感覚に帰結するという説と両者は独立の過程であるとする説があり，「身体感情」は，前者の説の範疇となります。

(3)　ここでは単に言語としての「言葉」ではなく，身体が伝達する情報の比喩表現として「ことば」という文言を用いているため，ひらがなで表記しています。

第2章

舞踊と人間の関わり

1 舞踊と人間の関わりの変遷

（1）生活と密接に関連した実用的な舞踊

　舞踊の歴史は，生活と密接に関連した実用的な舞踊に始まります。そして実用的な舞踊はその後のそれぞれの時代や社会の在り方の影響を受け，様々な動機や目的で踊られるようになっていきます。

　集団で共に働き，共に生活した原始社会における舞踊には，生活に役立つ実用的な機能が求められました。狩猟舞踊，戦闘舞踊，祈祷舞踊，呪術舞踊，医療舞踊など多くの舞踊があり，狩猟舞踊や戦闘舞踊では，狩猟や戦闘に先立って全員が同じリズムで踊ることで個人や集団の感情を高め，勇気を鼓舞して全員が固く結束して成功を祈り，また狩猟や戦闘から帰ってはその成功を感謝して踊り，祈祷舞踊や呪術舞踊では，自然現象や病気など自分達の力では手に負えないできごとに対処するために踊りました。神の力にすがるために踊り，これから起こってほしいと願うことを踊り，また，医療舞踊では悪魔の仕業である病気を治すためにその悪魔を退散させる踊りを踊りました。

　このように，原始時代の人々は，毎日の生活をうまく営んでいくために踊り，また，誕生，成人，結婚，病気の治療，死者の埋葬などの個人の人生の節目や，降雨を願い，収穫を祝うなどの共同体でのできごとを踊る儀式としての舞踊をつくり出し，原始の舞踊は生活と密接に関連した実用的舞踊であり，また，厳密な意味では宗教舞踊ではありませんが宗教的要素をもつ舞踊でした。

第Ⅰ部　身体表現の力を理解するために

（2）精神生活（宗教）と深く結びついた舞踊

　原始社会における共同体の中から文明が起こってくるのにともない，古代文明国においては，法律や儀式も発展し，呪術は組織的な宗教へと変貌を遂げました。エジプトやギリシャ，ローマなどの古代文明国では，宗教が人々の精神生活の中心となりました。そのような社会の中で，舞踊は，まず神に捧げられるものと考えられ，多くの宗教は，舞踊をその宗教儀式として取りあげたので，舞踊は宗教と結びつき，宗教の儀式として発達していきました。ここにみられる舞踊の神聖視は，儀式の中で踊る踊り手の神聖視につながり，踊り手は神と交信できる特殊な能力をもち，人々の願いを代表して神に祈り，神のお告げを人々に伝え，神と人間をつなぐ重要な役割を果たす者として尊敬されていました。

①　古代ギリシャの舞踊

　古代文明国の中で最も舞踊が盛んであったのはギリシャです。ギリシャにおいては，審美的判断が現われ，詩，舞踊，音楽が総合されて1つの物語をつくり，ギリシャ演劇が生まれました。その結果，演劇を成立させる1要因となった舞踊は，それまでの生活に役立つ実用的舞踊とは異なる独自性をもちはじめました。また，すべての人々のためによりよい生き方を思索したギリシャでは心身一元論という思想によって，精神と身体の双方に関わる舞踊は，プラトンの「舞踊は肉体の律動と霊魂の媒介者である」という言にもみられるように，肉体と精神の調和を求めるすべての人たちのものでした。ギリシャにおいては，舞踊の教育的価値が強調され，心身の調和のとれたより完全な人間をつくるための教育の手段として舞踊が青少年の教育に取り入れられ，そこでは，身体を鍛え，勇気を奮いたたせるために戦闘を主題にした踊りを習い，また情操教育のために劇的な舞踊を学びました。このように，古代ギリシャにおいては，舞踊は宗教舞踊であると同時に人間の精神を表現し人間を豊かにする機能をもつもので，人間形成に最も有益なものの1つとみなされていました。

② 古代ローマの舞踊

ところが古代ローマにおいては，この時期まだ未開で，ギリシャ人の審美性や心身の調和に基づく教育思想は理解されず，舞踊は社交生活で重要な役割を担ったものの，ギリシャの舞踊の形だけをまね，ローマ人の舞踊を生みだすことができませんでした。ギリシャで人間の精神生活と深く結びつき，人間教育に最適なものの1つと認められていた舞踊は，ローマでその質が低下し，死滅寸前にまで追い込まれてしまいました。

（3）精神生活から遊離していく舞踊

① 死の舞踊

ヨーロッパ中世には，飢饉や戦争，ペストの様な疫病が絶えず起こったために，民衆の身体は苛まれ，絶えず死を恐れて不安定な精神状態へ引き込まれていました。中世後期になると，そのような不安定な精神状態にある人々は病的なまでに舞踊へ没入し，恍惚舞踊が広まっていきました。フランスに端を発したダンス・マカーブル（死の舞踊 danse macabre）は，死への恐怖と生への執着に取り憑かれた人々が，踊ることで死者と交わろうとして墓地や広場などで延々と踊り続け，教会の儀式を妨害したので，教会から閉め出されることになりました。舞踊の狂乱は，いろいろな形で数世紀にわたってヨーロッパを襲いました。たとえば，ドイツでは黒死病（ペスト）から免れるための一種の祈祷舞踊である聖ヴァイタス・ダンス（St. Vitus Dance）として知られるダンス・マニア（舞踊病：dancing mania）が，イタリアにおいては，毒蜘蛛であるタランチュラに噛まれると罹ると考えられていたタランティズム（tarantism）が流行しました。死の舞踊という現象に対して，現代医学には，中世の民衆の悲惨な生活が彼等を不安定な精神状態へ引き込み，それが集団ノイローゼを招き，疲れきるまで踊ることによって救われようとしたのではないかとする見方もあります。

ダンス・マカーブル，ダンス・マニアといった舞踊の狂乱は，原始人が死への恐怖から逃れて激しく踊ることによって恍惚状態に入るその心理状態を魔法

や医療に利用した魔法舞踊や医療舞踊に通ずるものです。ギリシャ神話のバッカスの巫女達の踊りや，トルコの僧によって踊られる旋回舞踊，そしてバリ島のケチャなど，現代に至るまで各時代，各民族によって恍惚舞踊は踊り続けられています。

このように，「舞踊への抑え難い切望，現世からの脱却，舞踊へ自己を没入させ或いは舞踊によって自己を捨てきる」（ザックス，1932；小倉，1972）といったエクスタシーがつきまとう人間が踊るという行為は，様々なしがらみから人々を解き放つ力をもち，それが舞踊の根源的なセラピューティックな作用の1つとなっています。

② 貴族の舞踊と庶民の舞踊

庶民は悲惨な生活を反映した恍惚舞踊を踊り，その結果，舞踊は楽しいもの，肉体的なものであるという理由でキリスト教会から禁止されてしまいましたが，禁止令にもかかわらず，庶民は踊る楽しみを捨てず，気晴しに踊っていました。中世末期には庶民の踊りであるフォークダンスと貴族の踊りであるコートダンスが生まれました。フォークダンスは決まった衣装やエチケットという束縛がなく，庶民の生活環境や感情を反映した生命力の発露であり，動きは素朴でその多くは荒々しく，テンポの速い，激しい生き生きした踊りでした。コートダンスは中世の騎士が社交と教養のために始めた社交ダンスです。貴族は彼等自身の踊りをもたなかったので，庶民の踊りを宮廷に持ち込み，貴族の生活環境や感情に合った華やかな衣装で，優美さがある洗練された動きの，ゆるやかなテンポの踊りへと変貌をもたらし，コートダンスは，フォークダンスのもつ素朴な味わいを失いました。

このように，中世末期において，踊りは宗教的な要素を取り去り，社交性の強い踊りとなり，貴族の踊り，庶民の踊り，いずれも踊って楽しむことが目的であり，それぞれの生活と結びついた生活集団の表現となりました。

（4）芸術舞踊の発生——バレエの誕生

中世には精神生活から遊離していくことになった舞踊ですが，ギリシャ古典

の精神を反映するような文化の創造を理想としたルネッサンス期に，芸術舞踊が発生しました。イタリアに起こったルネッサンスは，近代個人主義の中での個人芸術家の台頭をもたらし，15世紀に入ると，宮廷においては新しい形式の舞踊が次々と生み出され，舞踊音楽が作曲されました。踊りが多様になり，技術的にも複雑になっていくのにともない，舞踊教師や舞踊の専門用語が生まれ，踊りの理論が展開されるなど，舞踊が専門的な活動となっていきました。

　これまでの踊りは，貴族の踊りも含めてすべての人々が自分の能力をもって参加できる日常的行動の一部でしたが，宮廷の踊りにおいては，踊りが専門化したことにより，感情の発露として自由に参加できるという自然の姿が消滅してしまいました。

　芸術舞踊の発生はバレエにあります。バレエの始まりは1581年にフランス王アンリ3世の宮廷で行われたバレエ・コミック・ド・ラ・レーヌにあるというのが通説です。バレエの定着，発展に寄与したのは太陽王と呼ばれる，フランスのルイ14世（Louis XIV）です。ルイ14世は，自らも毎日バレエ教師ボーシャンからレッスンを受けるほどの愛好家で，バレエ音楽の作曲家やダンサーらを庇護し，また王立舞踊アカデミーを設立，有名なバレエの5つの脚のポジションをボーシャンに考案させるなど，多面的にバレエ関係者の庇護，奨励につとめました。18世紀には，近代バレエの父，ジャン＝ジョルジュ・ノベール（Noverre, Jean-Georges.）が，ルネッサンスの装飾的で機械的なバレエを近代化してより人間的な芸術へと大改革を行い，1830年代にマリア・タツリオニ（Tagliani, Maria.）がポアント（爪先立）で踊り，スール・レ・ポワントという技法が確立されるなど，長い歴史の中でバレエ独自の技法と形式が確立されました。

（5）モダンダンスの誕生

　これに対し，同じ芸術舞踊ですが，バレエの技法や形式を否定しその窮屈な衣装や形式を捨て去って出発したモダンダンスは，形式の枠にはめられず，また特定の動きのボキャブラリーにとらわれることのない踊りです。そこには，

第Ⅰ部　身体表現の力を理解するために

当然，バレエのように共通な技法や形式はなく，モダンダンスを踊る舞踊家たちが共通に持ちあわせていたのは，モダンダンスの精神でした。

　モダンダンスといえば，イサドラ・ダンカン（Duncan, I.）をあげなければなりません。イサドラ・ダンカンは，モダンダンスの先駆者で20世紀の舞踊改革者です。彼女にとっての舞踊とは人間の魂の表現であり，舞踊の究極の目標は自由で調和のとれた自然でした。彼女は舞踊の源泉を自然に見出し，自然な動きのリズムと形態とデザインとの調和の中に美があるとしました。このような美を追求する中で，ギリシャ芸術へ傾倒し，自然な動きに調和する形態として，薄物をまとい裸足で踊る姿を，踊る人間の理想としました。この裸への回帰は，未開人の無自覚的な裸ではなく「肉体が精神的存在の調和ある表現となる，成熟した人間の，意識的で心得た裸」（チェニー，1928：小倉，1977）への回帰であるべきだといいました。したがって，彼女の舞踊は古代舞踊の模倣ではなく，その時代のアメリカの若く自由な感情と生活から生まれた表現です。ダンカンの舞踊理念は，伝統的なものを否定し，近代人としての新しい感覚を主張するモダニズムを強く反映しており，その特徴としてギリシャ的なものへの傾倒，宗教的であること，そして音楽と強く結びついていることがあげられます。

　芸術舞踊の発生はバレエにあり，次いでいろいろな意味で正反対の特性を有するモダンダンスが誕生し，それぞれの歴史を刻みながら，並存し現代に至っています。

（6）舞踊と人間の普遍的・新奇的関わり

　ここでは，元来，実用的な価値をもつ生活と結びついた行為であった舞踊が，社会的，文化的環境の変化の過程で，その機能や目的が変化して実用的価値を失っていき，それまでの舞踊に代わって娯楽舞踊やバレエとモダンダンスという2つの芸術舞踊の誕生に舞踊と人間の関わりをみてきました。

　世界には様々な舞踊があり，舞踊と人間の関係は，その舞踊の数ほどあるはずです。ここで取りあげたのはほんのわずかではありますが，生身の身体で踊る舞踊の特性が反映された舞踊と人間の原初的な関係を捉えたつもりです。

一方には，いつの時代にも変わることのない舞踊と人間の関わりがあり，他方にはそれぞれの時代の社会的，文化的環境に呼応した目的や機能を有する新たな舞踊と人間の関わりが生まれ，というように，普遍の関わりと新たな関わりの共存・共栄が舞踊と人間の関わりの歴史なのです。

2　舞踊への関わりの多様性

前節では，舞踊が生活に密着しながらどのように生まれ，時代や社会の在り方に影響を受け，いかに様々に踊られてきたのかについて，主に西洋文化の流れの中での舞踊の変遷について概観してきました。本節では，様々な舞踊が人間のどのような心理的な欲求によって生まれてきたのかについてみていきます。

（1）遊びと舞踊

①　遊びそのものである舞踊

人間の文化は遊びとして発生し展開してきたとして，人間の本質を遊びに見出した歴史学者のホイジンガ（Huizinga, J.）は，「舞踊は遊びそのものであり，およそこの世に存在する最も純粋，完璧な遊びの形式を形づくっている」（ホイジンガ，1938：高橋，1973）としています。ホイジンガの遊戯論によれば，舞踊は遊びそのものであり，また遊びであるがために日常生活の掟や慣習は効力をなさないため，自由かつ非日常的な時空間に没入できることになります。たとえば，強い生命力をテーマに「生存競争を繰り広げるガラパゴス諸島の生命体」を表現する作品を創作したとします。踊り手は，生命体の１つとして，眼光鋭く身体を目いっぱい広げながら，他の生き物との闘いを繰り広げることへと没入し，その瞬間は，我を忘れて本当に生き物になりきって（なっているように）夢中で踊るという経験をします。ホイジンガはこの「何ものかになる」というその魅力を，「遊び」として捉え，その遊びが終われば，何事もなかったかのように，本来の日常の自分にいつでも自由に戻り，遊びを完結することができ，何度でも自由に繰り返すことができるとしています。このような遊び

第Ⅰ部　身体表現の力を理解するために

の形式的特徴を，ホイジンガは「自由性」「非日常性」「完結性」「限定性」「反復可能性」「秩序性」としてまとめたのですが，舞踊にもその特徴を認めることができます。

　踊り手は日常の身体動作の規範性から離れて，祭などの舞踊のように限定された時空間（限定性）において自由（自由性）かつ非日常的（非日常性）な世界を表現することができます。さらに，形式化されたフォークダンスのような順序だった身体の動きを繰り返す中で（反復可能性），男女の立ち位置や振る舞いなどの秩序（秩序性）を体感しているといえるでしょう。そして，そのような自由かつ非日常的な時空間を出れば，また日常生活に戻ることができるのです（完結性）。

②　遊びの分類と舞踊の形態

　「遊び」をより体系的に捉えることで，具体的かつ理論的に論じることを可能にしたカイヨワ（Caillois, R.）は，「遊び」を「自由な活動」「分離した活動」「不確定の活動」「非生産的な活動」「ルールのある活動」「虚構的活動」の6つの活動として定義しました。しかし，これらの特性は形式的なものであって，遊びの内容を説明するものではないと考え，多種多様な遊びを様々な観点からみた結果，遊びの配分を考案しました（表2-1）。

　遊びにおいては，競争か，運か，模擬か，眩暈かそのいずれかの役割が優位を占めているとし，横軸にはアゴーン（競争），アレア（運），ミミクリー（模擬），イリンクス（眩暈）の4つを置きました。そして縦軸には，それぞれの遊びの組織化の程度によってパイディアとルドゥスという相対立する原理を二極におくことによって多様な遊びを分類しました。表2-1には，上から下へパイディアの要素が減少し，ルドゥスの要素が増加していくおおよその順序に従って各遊びが例示されています。パイディアは気晴らし，即興，無邪気な発散といった性質のもので，ルールはあっても非常に緩く未組織な状態にあるのに対し，ルドゥスはルールが明確になって組織化され，努力，技，器用さが必要になってくるものです。

　カイヨワはこのように遊びを分類していますが，4つに分類した遊びのもつ要素が単独で現れるとは限らず，複数の要素が組み合わさっている遊びもある

38

第2章　舞踊と人間の関わり

表2‑1　カイヨワによる遊びの分類

	アゴーン（競争）	アレア（運）	ミミクリー（模擬）	イリンクス（眩暈）
パイディア ↑　　喧　　騒　　混　　乱　　哄　　笑　　凧　揚　げ　　穴　送　り　　ペイシェンス　　クロスワード・　パズル ↓　ルドゥス	ルールのない{競走 闘争 など}　陸上競技　ボクシング，ビリヤードフェンシング，チェッカーサッカー，チェススポーツ競技一般	番決め唄表か裏か　賭　け ルーレット　宝籤（単式，複式，繰越式）	子供の物真似幻想の遊び人形遊び玩具の武器仮面，変装　演　　劇一般のスペクタクル芸術	子供のくるくる回り回転木馬ブランコワ　ル　ツ　ボラドレス，祭りの見世物ス　キ　ー登　　山綱　渡　り

注：どの欄においても，いろいろな遊びは，大体のところ，上から下へ，パイディアの要素が減り，ルドゥスの要素
　　が増す順序に従って並べてある。
出所：カイヨワ，1970，p.55より作成

としています。

　さて，舞踊は，このカイヨワによる遊びの分類では一般的にミミクリーに分類される傾向にあります。確かに，舞踊は一義的にはミミクリーの範疇にあり，子どもの身近にいる（ある）動物や乗り物などの模倣（パイディアから）に始まり，それぞれのジャンルの舞踊に特有の技術を磨き，舞台や特別の場で踊る（ルドゥスへ）というものであることは言うまでもありません。しかし，カイヨワの遊びの配分にのっとって舞踊の活動内容を検討してみると舞踊はミミクリーにとどまらないことがわかります。

　ミミクリー以外の範疇にある舞踊の在り方をみてみましょう。

　現代は，各種舞踊の国際コンクールも国内コンクールも多く開催されています。コンクールでは，勝敗を競うことになりますので，そこでの舞踊はアゴーンにも含まれることになります。ミミクリーという特質をもちながら，アゴーンの役割が優位となります。

　そして，近年，よくみられるコンタクトインプロヴィゼーション（複数人での即興舞踊）は，決め事がなく，踊り手はお互いに瞬時に反応して踊り続けるもので，表2‑1のアレアの1番上にある「番決め唄」に近い特質があります。

第Ⅰ部　身体表現の力を理解するために

　また,「子供のくるくる回り」は, ゆっくり軽く回っている状態から次第に
ぐるぐると自分の身体を急速に回転させて遠心状態に入っていき眩暈の感覚を
引き起こします。このような旋回運動は子どもの遊びにみられるだけでなく,
熱狂的な旋回運動を繰り返す儀式舞踊もあります。たとえば, トルコのメヴレ
ヴィー教団の宗教儀式 (セマー) では, 旋回が祈りの手段でありトランス状態
に入りながら, 神との一体化を求めてぐるぐる回り続ける旋回舞踊です。この
ような舞踊は, ミミクリーというより, イリンクスの役割が優位を占めていま
す。

　このようにみてくると舞踊はカイヨワの遊びの配分のいずれにも位置づけを
もっており, ホイジンガの「舞踊は遊びそのものであり, およそこの世に存在
する最も純粋, 完璧な遊びの形式を形づくっている」という言を確認できたこ
とになります。

（2）動機づけと舞踊

①　動機づけからみた舞踊の分類

　舞踊評論家のジョーン・マーチン (Martin, J.) は, 舞踊の厳密な分類は不可
能だとしながらも, その動機づけの特徴から①娯楽舞踊 (recreational dance),
②観賞舞踊 (spectacular dance), ③表現舞踊 (expressional dance) の3つに分
類し, 次のように説明しています (Martin, 1939)。

　1）娯楽舞踊

　　　長い歴史の中で儀式や楽しみのために踊られてきた踊り手自身のための
　　舞踊。文明の発達の中で, 呪術的・宗教的・社会的祭式要素が少なくなり,
　　純粋に娯楽のために踊る舞踊へと変容してきた。

　2）観賞舞踊

　　　バレエに代表されるような, 観客に見せることを目的とし, 観客のため
　　に踊られる舞踊 (タップダンスやアクロバット的なダンス, エロティックなダン
　　スなどを含む)。劇場舞踊であるバレエは, 伝統と独自の技法と美学的基礎
　　をもち, 独特な舞台空間で上演される。

第2章 舞踊と人間の関わり

3）表現舞踊

　　観客との直接の思想伝達（コミュニケーション）として，何かを表現する
　ことが目的の舞踊。共通な技法や形式はなく，動きを人間の感情と直接結
　びつけ，自らの主観的な体験を動きに置き換えることを本質とする。

　マーチンは，動機づけという観点から舞踊に3つのカテゴリーを設定したわ
けですが，これら3つは連続性をもち，それぞれのカテゴリーの重なるところ
に中間領域としての舞踊の存在を認めています。

　このことは，3つの区分はお互いに相容れない明確な線引きができるわけで
はなく，人間のその時々の動機づけによって，同じ舞踊を踊っていても，舞踊
のカテゴリーは容易に移り変わるということを示唆しています。

　たとえば，1人で楽しみながら踊っていた舞踊（娯楽舞踊）も，誰かに見せ
ることを意識し，技巧的な発達を遂げれば観賞舞踊に移行します。また独自の
自由な表現として，自分らしい自由な動きで踊るのであれば，それは表現舞踊
へと移行していくことになります。

　このように，マーチンの3区分は踊る人の欲求が変わっていくことによって，
柔軟にそれぞれの区分が重なる中間領域を経て他の区分へと変わっていきます。

　次に，マーチンが舞踊と人間の関わり全体をどのように捉えているのかを，
みていきましょう。

② 遊びとしての舞踊・芸術としての舞踊

　マーチンは，日常生活すべてを動きの経験として捉え，それらの動きを仕事，
遊び，芸術の視点から考察しています。仕事における動きがエネルギーの消費
を最小限にとどめながら調和のとれた水準にある日課を送る役割をもつのに対
し，遊びと芸術は自らの心を動かし，生き生きとした創造生活を営む核を成し
ています。

　そして，遊びと芸術における動きは緊密に関連しあい，また，生活経験と関
わりながら，自らの身体をもって動くことで心を満たしていくことができると
しています。そうすることによって本当の意味での豊かな調和のとれた心と身

41

第Ⅰ部　身体表現の力を理解するために

体を保てるとし，社会において，私たちが自分の外側の世界，また内側の世界
と関わるのは，まずは身体を通してであると捉えています。

　このように密接な関係にある遊びと芸術ですが，この両者にも違いはあり，
その究極的な違いは思想伝達にあるとマーチンはいいます。遊びは自分自身が
夢中になって踊る活動であるのに対し，芸術は思想伝達（コミュニケーション）
に主眼が置かれた活動であるとし，このような活動の特性から，娯楽舞踊は遊
びに，観賞舞踊と表現舞踊は芸術に区分しています。

（3）現代における舞踊と人間の関わり

①　現代の舞踊への動機づけと現状

　さて，ここまでみてきた，ホイジンガ，カイヨワ，マーチンの言から，いず
れも人間が多種多様な舞踊と深い関わりをもってきたことがわかります。

　ところで，現代においても，様々な舞踊に対して，従来とは異なる欲求・動
機づけも生まれ，舞踊への新たな参加の形態が生まれています。ここでそのい
くつかを取りあげましょう。

　まず，バレエを取り巻く日本の現状についてお話します。従来はバレエを習
うのは子どもで，大人にとってのバレエは鑑賞の対象でした。しかし，現在は，
大人になってバレエを始める人も多く，大人のためのバレエ教室があちこちで
開かれています。このことは大人にとってバレエは単に鑑賞の対象としてのみ
ならず，自らがバレエを踊りたいという欲求に駆られ，バレエが自ら踊る対象
になってきたことを物語っています。

　次にモダンダンスについてです。1970年後半には，モダンダンス同様に新し
い表現の創造を求めてコンテンポラリーダンスがでてきました。このコンテン
ポラリーダンスは，モダンダンス，バレエ，舞踏など様々なジャンルの特性が
入り混じった実験的・前衛的な舞踊で，時代の先端を映し出すものです。

　1人の師について研鑽を積むという形態が一般的であったモダンダンスは，
次第にそのような形態が減少しています。1人の師につき，師弟が一体になっ
ての活動がつねに次の活動への動機づけとなっていくという形態に代わって，

モダンダンスにおいてもコンテンポラリーダンスともども，いくつかのワークショップをめぐり，自分にぴったりくる舞踊家のもとでその舞踊家の作品に出演する，あるいは，特に師につかず，何人かのグループで作品を発表するなどの形態が増えています。このような行動は，自らの表現欲求に沿う表現や，その表現欲求を満たす作品を実現する人との出会いが動機づけとなっています。

　先に，舞踊の3つのカテゴリーの中間領域について述べました。舞踊に対する欲求・動機づけが変化していく中で，あるカテゴリーから中間領域を経て別のカテゴリーへと移行していくわけですが，その実例を紹介します。

　幼少の頃からバレエを習ってきた学生が創作ダンス部に入部し，バレエとは異なるレッスン体系と自ら創造する活動とを通して，はじめは身体の使い方や動きに戸惑いながらも次第に，観賞舞踊と表現舞踊の中間領域を経て，モダンダンスの世界（表現舞踊）へと移行してきます。このような体験について，当の学生は，「身体の使い方などの差が大きくて難しかったが，やるうちに，身体の使い方も変わり，ここまで変わっていく自分のからだが面白かった。バレエは何かの役として舞台に立つが，ここでは自分自身として，舞台上に立つことから怖くもあったが，自分として表現する楽しさも知ることができた」と述べ，従来の舞踊への欲求と現実のダンス部の活動にはズレがあった状態から，ダンス部での活動の核にある表現する楽しさが動機づけとなり，自らの舞踊への欲求とダンス部の活動とのズレが克服され，舞踊への欲求が満たされていく様子がわかります。

　そしてまた，舞踊家の身体訓練への動機づけにも変化がみられます。従来は，舞踊のための身体は舞踊のレッスンの中で作り，磨いていくものでした。しかし，現代においては各種のボディワーク（アレキサンダーテクニーク[1]，フェルデンクライスメソッド[2]，ピラティス[3]など）が舞踊のレッスンの一部として取り入れられてもいます。ボディワークへの欲求は，より身体感覚を研ぎ澄ますことや，自分自身のからだを捉えなおすことによって，バランスのとれた舞踊家としての身体を手に入れたいというところにあるといえるでしょう。

第Ⅰ部　身体表現の力を理解するために

②　舞踊はすべての人のために

　これらの例にみられるように，現代は，同じ舞踊であっても，自分自身の欲求に合わせて，舞踊の種類，舞踊の学び方などを自由に選ぶことができ，多様性をもって踊られています。

　日常生活の中で自分自身の身体への感覚を研ぎ澄まし，子どものようにぐるぐると回る身体感覚に酔いながら踊ること，自分自身を表現したり，誰かに見られたいと思いながら踊ること，あるいは誰かと一緒にお互いの存在を意識しあいながら踊ること……。このような舞踊と人間の関わり方が基盤にある舞踊には，誰もが表現したり，踊りたいとき，それぞれの欲求に応えることのできる様々な広がりがあります。日常的な身体表現の延長である舞踊は，いつも私たちのすぐそばにあり，すべての人のものなのです。

　注
(1)　アレキサンダー（Alexander, F.）の発見した原理に基づいて，心身の不必要な緊張に気づき，解消するために考案された体の使い方のメソッド。
(2)　フェルデンクライス（Feldenkrais, M.）によって体系化された，体の動きを通して，人間の潜在能力を目覚めさせるメソッド。
(3)　ピラティス（Pilates, J. H.）が創案した，腹式呼吸を用いながら，筋力トレーニングとストレッチを組み合わせた運動による身体調整のメソッド。

第3章

舞踊の成り立ち

　舞踊は，目に見えない内的世界が目に見える運動現象として組織化され，それが踊られることで成立します。舞踊が成立するには，素材として「内的世界の内容（内的素材）」と「それを外在化する（目に見えるものにする）身体と動き（外的素材）」が必要となります。そして，これらの素材を料理し舞踊をつくり出すのには，創造性が重要な役割を担っています。また身体と動きは媒体としての役割も担っています。

　そこで，本章では，舞踊の成り立ちに不可欠な内的素材としてのイメージ，外的素材・媒体としての身体と動き，内的素材と外的素材を1つにまとめあげる創造性について，その特性と働きをみていきます。

1　表現の内的素材としてのイメージ

　舞踊は音楽や絵画と同じくイメージ表現であり，それは表現すると同時に，見た人，聴いた人の中にイメージがつくり出されていきます。そこでつくり出された各人のイメージは，多くの人が共有するイメージと各人が独自にもつイメージの両者からなります。同じものを見たり，聴いたりしたのに，そこからつくり出されるイメージが最終的には各人によって異なるのはなぜでしょうか。表現と鑑賞の核にあるイメージとは，私たちの中でいったいどのように働いているのでしょうか。

　ここでは，まず，イメージが日常生活の中でもつねに働いていることをみた後に，人の心をイメージ・タンクと捉えた精神人類学者，藤岡喜愛のイメージ論に基づいて，舞踊のイメージ表現の意味について考えていきます。

45

第Ⅰ部　身体表現の力を理解するために

（1）人間とイメージ・タンク

　私たちは，実際には目の前に実物がなくても，友だちの顔を思い浮かべたり，学生時代の修学旅行のこと，あるいは感動したコンサートのことなど，過去に経験したことをありありと思い出すことができます。それはすべて，私たちがイメージをもつことができるからです。そして，過去の出来事に対するイメージに加えて，現に知覚していることも過去のイメージと一緒になって新たなイメージとなっていきます。たとえば，それまでに見たこともない素晴らしいバレエを鑑賞すると，現在知覚しているバレエそのものが，過去に見たバレエから作りあげられたそれまで自分がもっていたバレエに対するイメージと混ぜ合わされ，バレエを現に知覚しつつ，バレエに対する新たなイメージをもつことができます。今眼前に知覚している現在だけでなく，過去や未来を思い浮かべることができるのはイメージのおかげであり，過去・現在・未来のイメージが，現在の行動の基盤になっています。またイメージは視覚体験によるだけではありません。たとえば，バラ園を思い浮かべるとき，バラの花の色や開き具合とともに，バラの香りやとげをさわったときの痛みなどもバラのイメージの中に含まれているように，イメージの源泉は，まるごとのからだによる体験であり，視覚，聴覚，触覚，味覚，嗅覚，筋運動感覚などの諸感覚から得た情報や感情がすべてイメージになっています。

　このように，人間には，誕生以来経験したこと，感じたこと，知識として与えられたことなどすべてがイメージとなって蓄えられており，藤岡は，「人間はイメージを蓄えた世界そのものであり，いわばイメージ・タンクである」（藤岡，1974）といいました。

　人間の経験とイメージのこのような関係から，人間は日頃から感性と知性のアンテナを広げて積極的に様々な情報をキャッチすることが肝要で，キャッチしたイメージがイメージ・タンクに送り込まれることによって，そのタンクのイメージの量と質が増大し，内的世界が豊かになっていくことがわかります。

（2）イメージの生成

　そもそも，イメージはどのようにしてつくられるのでしょうか。イメージの生成には，感覚・知覚・認知といった外界から得た情報への意味づけのプロセスが深く関係しています。

　私たちは外界から様々な感覚刺激（感覚情報）を受け取り，それらの感覚情報が知覚の働きによって1つにまとめあげられ，それが何であるかを判断します。たとえば，そこに，赤くて甘い香のするものが置かれているとします。これを見て「赤くて甘い香」と感ずるのは感覚で，この感覚情報をまとめて「バラだ」とするのは知覚です。そして，赤いバラが大好きな人はバラを見てうれしくなるというように，知覚したものに対して，意味づけしたり，感情を付与したりするのが認知です。認知はイメージ・タンクにある過去の体験，記憶，思考，感情などのイメージに基づいて，キャッチした情報に意味づけする役割を担っているといえるでしょう。このような感覚と知覚，そして認知の働きによってイメージ（心像）がつくり出されていきます。いったんできあがったイメージは，現前にそのイメージの対象となったものがなくても，心の中にある姿として浮かんできます。

　このような知覚とイメージの関係について藤岡は「知覚が生ずればイメージができないわけにはいかないという性質が私達の心の中に具わっている」（藤岡，1983）といいます。そして，知覚から生ずるイメージには，知覚をなぞってイメージをつくりあげる「外界模写性」と，そのイメージをつくる本人にとってのイメージという「独自性」の2つの側面があり，イメージとはこの独自性と外界模写性の二面が働きあって1つのものとして成立しているとしています。

　また，藤岡は感情と身体感覚の関係を述べる中で，感情とイメージの関わりについても言及しています。これらの関係について，身体感覚が感情を喚起し，感情は身体感覚をコントロールするというように両者の間には緊密な結びつきがあるとし，イメージは身体感覚や感情と分かちがたく結びついて生まれてい

第Ⅰ部　身体表現の力を理解するために

ることを強調して「一般的にいえば，無気力な疲労の感情はイメージ運動の全体を低下させ，不安，警戒の感情はイメージ運動の自由さを妨げる。したがって感情それ自体は，イメージであるとは認めにくい。むしろ，個々のイメージを，イメージとしてまとまらせ，さらにはイメージ運動の総体に，その運動が遂行されるような条件を備える「力」のようなものである」(藤岡，1983) としています。

　このように，藤岡は知覚や身体感覚と同様に，感情の力をイメージ生成に不可欠なものとして位置づけています。

（3）イメージ・タンクの二層構造

　人間は心身が一体となったイメージ・タンクそのものであり，個人ごとに固有のイメージ界をもつという藤岡は，このイメージ・タンクは，心の表層としての顕在層と，心の深層としての潜在層という二層があるとしています。顕在層とは，日常の社会生活の場での「わたし」であり，イメージ・タンクの意識される部分です。他方，潜在層とは，非日常的な「わたし」であり，日常的な「わたし」にとっては自覚されないイメージ・タンクの部分を意味し，イメージ・タンクの大部分がこの潜在層に含まれており，この潜在層が顕在層を支えもし，変革もするといいます。しかし，この二層は明確に分けて考えられるものでもなく，本来，2つで1つのイメージ・タンクをなすものであって，どちらが大切というわけではありませんが，藤岡は，「理性的」ということが大切にされる社会では，潜在層にあるイメージの価値が低いものと見なされがちであることを指摘しています。また，ユング (Jung, C. G.) の「人間はたいてい意識によって生活し，自分の本質的なところの外側で暮らしている」(藤岡，1983) という言を引用して，私たちはふだんは潜在層のことを気にかける必要はないけれど，もし，文化の変革，自己実現，あるいは人間の「本性」を知るという望みがあるなら，イメージ・タンクは二層で1つなので，日常と非日常という2つで1つというところへ視点を移す必要があり，潜在層への働きへ，正当な自覚を開くことが必要であるとしています。そしてさらに，イメージが

身体感覚や感情と分かちがたく結びついて生まれてくるということは，特に強調しなければならない点であるとし，顕在層が，いわゆる理性的，意識的であるとすれば，潜在層はそれこそ心身一如，心身まるごと1つの基礎として考えられると述べています。

このように，人間の内面や存在そのものを意識，無意識という2つの層から捉える考え方は，東洋哲学者で『身体—東洋的身心論の試み』（湯浅，1977）を書いた湯浅泰雄の「身心関係の二重構造」にもみられます。湯浅は生理心理学の知見をよりどころに，私たちが日常意識している部分を「表層的構造」とし，その根底に，日頃私たちが気づいていない身体と心の在り方を示す「基底的構造」を置きました。前者では心が身体を支配しているのに対し，後者では身心の働きは一体化して，身体の在り方がそのまま，心の在り方を示しており，この基底的構造における心身関係こそ，人間本来の在り方であるとしています。そしてこの2つの層をつなぐのは情動(1)の働きであるゆえ，情動の能力を訓練することによって基底的構造の中に深く入りこみ，それを支配してゆくことができるはずであるといっています。

藤岡と湯浅の主張には，私たちがふだん意識している自分は本来の自分ではなく，無意識層における身心関係の在り方に自分の本質があり，自分の本質を知るためには，無意識層を探索することが必要であるとしている点に共通性がみられます。

舞踊は，その無意識層を探索する方法の1つであり，自分探索の旅といえるでしょう。

（4）イメージの表現と蓄積

これまでみてきたように，イメージは私たちの行動の手本であると同時に，創造活動などにおいて，自分の深層にあるイメージを探究することを通して，本来の自己を知ることにつながります。イメージは知覚に基づいて生まれるものですが，この知覚はまるごとのからだでなされるものであり，身体感覚が鈍く，感情が乏しければ，そこから生まれるイメージも豊かなものにはなりませ

第 I 部　身体表現の力を理解するために

ん。こうして，豊かなイメージもまた，身体感覚や感情が生き生きと働くから
だ——豊かな感性に裏づけられたまるごとのからだ——が前提になります。

　舞踊の創作プロセスは，イメージ・タンクの中から表現しようとするテーマ
に関連あるイメージを選択し，それらのイメージを材料に創造的想像力によっ
てテーマにそった新しいイメージをつくり出すことから始まります。ここでの
イメージの選択とは，主にふだん意識していない自分や社会という潜在層にあ
るイメージの掘り起こしを意味します。新しいイメージとは表現内容のみでは
なく，動きであったり，音楽であったり，衣装であったりというように，舞踊
を取り巻くすべてのイメージを意味しています。そして，新しいイメージが必
ずしも明確でなく，朧気であっても，そのイメージを目に見える動きへと変換
していくプロセスで，新しいイメージ自体が鮮明になっていきます。このよう
に目に見えない内的世界——イメージ・タンク——を動きで外在化すること
によって実際に知覚できる現実世界をつくりあげていき，その現実世界は新たな
イメージとなってイメージ・タンクに蓄積されていきます。

　本節のはじめに，同じものをみたり，聴いたりしても，そこからつくり出さ
れるイメージは，最終的には個人によって異なるといいました。なぜ異なるの
か，それは，知覚は感覚情報を受け取ることによって受動的に生ずるのではな
く，各人が自分のイメージ・タンクに照らして能動的に感覚情報をまとめあげ
るという特質によるのです。

　こうしてイメージの潜在層を掘り起こすことに始まる舞踊の創作は，まるご
とのからだを投じた本来の自分を知る活動でもあることがわかります。

2　表現の外的素材・媒体としての身体と動き

　舞踊の素材は私たちの最も身近にある自分自身の身体ですが，身体は素材で
あるにとどまらず，表現の媒体でもあります。この身体は，皮膚で閉ざされた
物理的存在としての身体ではなく，皮膚を超えて空間に広がっていく身体でも
あります。ここでは，舞踊における身体の特性を素材と媒体という二重性と，

50

身体の延長という面からみていきます。そして，目に見えない内的世界を目に見える舞踊現象として成立させる核である動きの特性について論じていきます。

（1）身体の特性

人間の「生」の存在形式である身体は，ただそこにいるだけで意味を生み出してしまうという特質をもち，それは不変的な物質的存在ではなく，可変的な心理的存在です。舞踊の素材が私たちの生身の身体であり，他の表現行為のように素材が物質でなく，素材そのものに人間の心理が反映されているために，舞踊という表現行為は易しくも難しくもあり，また楽しく，奥深くもあります。

①　素材としての身体

まず，舞踊における素材としての身体の特徴をあげていきましょう。

第1に，舞踊の素材としての身体は，食事をしたり眠ったり仕事をしたりというように日常生活を営んでいる身体です。つまり，ふだんの身体がそのまま踊ったり表現したりする身体であるという二重の性質をもっています。生活世界を生きる身体が素材である以上，舞踊にはその人の生き方が反映し，また舞踊の経験が日常の身体に影響するというような相互作用が生じていることになります。

第2に，舞踊における身体は，表現する主体でもあり，同時に素材でもあるという二重性をもっています。たとえば絵画ではキャンバスの大きさや絵の具の色を選び，音楽ではお気に入りのヴァイオリンを選ぶことができますが，舞踊では自ら踊る作品を創作する場合，気に入っても気に入らなくても素材の交換が不可能であり，舞踊の主体としての私は，素材としての自らの身体を受け入れ，自らの身体を知り尽くすべく舞踊を通して自らの身体に向きあうという二重性です。

第3に，他の芸術との素材の在り方の違いが，新しいジャンルの誕生という点についても，舞踊は他の芸術に比して特徴的です。たとえば音楽では，文明が発展するにつれ，より豊かな，あるいは複雑な音の出る楽器が出現し，それが新しい音楽を生み出してきましたが，何万年もかけてもごくわずかしか変化

のみられない人間の身体を素材とする舞踊において新しい舞踊が生み出される
のは，舞踊に関わる人々が，身体の新たな使い方，身体の可能性を探究する中
で，身体が本来もっている豊かさと複雑さの中に，まだ発見されていない身体
と身体の動きを創造的に発見したときです。

② 素材・媒体としての身体

　さて，情報に満ちあふれたからだが動き出したとき，身体は単に素材である
ことを超え，目に見えない作者・踊り手のイメージの世界を目に見える運動現
象として外に表し出す媒体となります。これまで一般に，舞踊の媒体は身体の
動きであるといわれてきましたが，筆者は舞踊の媒体は必ずしも動きとはいい
きれないと考えています。ランガー（Langer, S.K.）は「私たちが舞踊を見物す
るというのは，眼前に存在する物理的なもの，つまり舞踊家が走りまわったり，
身体をねじ曲げるありさまを見るのではない。私たちが眺めるのは，互いに作
用するいろいろな力の表現」（ランガー，1957；池上・矢野，1967）であるとい
います。このランガーの言は次のように解釈できるでしょう。私たちが舞踊を見
るとき，踊り手の身体が繰り出す個々の動きを視覚で捉えつつ，現前する踊り
手の身体と個々の動きが個々であることを超えて，それらが互いに作用する力
の表現となった現実には目に見えない力の表現（ランガーのいうダイナミック・
イメージ）を感じとるのであると。

　すでにみたように私たちの生きている身体は，その存在のうちに姿勢や動き
を含み，動き出す以前につねに情報を発しています。舞踊の素材としての身体
は，その身体が動き出し，次々に展開される動きと身体が互いに作用する力の
表現となるとき，動きのみならず身体も表現の媒体となり，舞踊の媒体は「動
く身体」であり，また「身体の動き」であることになります。こうして，舞踊
における身体は，素材でもあり媒体でもあるという二重の役割を担っています。

　さて，身体表現の素材としての身体は，ただそこにいるだけで意味を生み出
してしまう身体ですが，媒体としての身体は動きとの相互作用によって生み出
される意味を意識した身体です。そこで生み出される意味は，全身の身体表情，
あるいは手の表情，顔の表情からというように，全身の動きからもたらされる

ものもあれば，特定の身体部位の動きからもたらされるものもあります。バレエは上半身の動きは少なく脚の動きが多く，モダンダンスではバレエに比べて脚の動きは少なく上半身の動きが多く，またインド舞踊では，指の動きや目の動きが多様であり，というように，舞踊のジャンルによって重きが置かれる身体の部位が異なります。そしてこの身体の部位の強調点とその使い方の相違が，精神性の異なりとなって表れもします。たとえば，ポアントで立ち，飛翔し，空中を漂うようなバレエは天への志向を表し，逆に，均整のとれた上半身を脱して自由自在に全身の動きを駆使するモダンダンスでは精神の苦悩や喜びなどを表すというようにです。

　以上のような舞踊にみられる身体の二重性という特性は，舞踊と人間に緊密な関係をもたらしています。

（2）延長する身体

　舞踊における身体は，単なる物理的な素材としての身体を超え出た「目に見えない力の表現」の担い手であるという二重性をもっていると述べました。実際，踊り手が舞台に立つときには，自分の身体の動きのみに注意を払うわけではありません。例えば，「手を差し出す」という動きをするとき，「2階席に届けるイメージ」や「どんどん腕が長く伸びていく（延びていく）イメージ」をもちながら，実際に身体が延長していく感覚を意識しています。また2人の踊り手が互いに手を差し出すような場面においては，踊り手同士でアーチをつなげるイメージで遠くから手を伸ばし（延ばし）あい，2人の踊り手の身体で1つの舞台空間を紡ぎだすことを意識します。このように，踊り手は，皮膚で閉ざされた身体を超え出て身体が延びていくようなイメージをもち，自分が実際にいる場所を越えたより大きな空間を動かす意識をもって踊ることで，単なる動き以上の「目に見えない力の表現」を観客に見せることができるのです。

　では，舞踊を見る側は，単なる動き以上の「目に見えない力の表現」を意識して踊られた身体をどのように見ているのでしょうか。筆者らは，「舞踊における身体の二重性」を確かめる糸口として，舞踊を見る人の視線を調べる実験

第Ⅰ部　身体表現の力を理解するために

を行いました（阪田ほか，2001）。

①　舞踊を見る視線

　実験では，視線計測装置（アイトラッカー）を用いました。視線計測装置は，人が何をどのように見ているかを計測することができる装置です。人は自分が興味をもった対象に対して半ば無意識に視線を向けることが知られています。つまり，視線計測をすることで，その人が何に関心をもち，その対象をどのように理解しようとしているかを知るための手がかりを得ることができます。

　実験に先立ち，実験協力者には，実験では数種類のごく短い舞踊運動をモニタに映写することと，1つの舞踊運動ごとに映像を停止し，「その舞踊運動からどのようなイメージが感じられたか」を答えてもらう旨を説明しました。実験協力者は，モニタに映し出された舞踊運動を見ながら，「どんなイメージがするか」を考えるわけですが，実験の結果，興味深いことがわかりました。

　実験協力者は，図3－1の①のように手や顔を注目する一方で，特定の身体部位以外の場所にも視線を向けていることがわかりました。身体部位以外の場所というのは，たとえば，次のようなものがありました。

　②は「さみしい」というイメージを内包した舞踊運動で，手を前後に開きながら，同時に膝を徐々に屈曲させて下方に沈んでいく動きの一画面です。下降運動の始めでは，沈んでいく膝の屈曲部分や下降していく腕や手を注目したり，身体の輪郭（形状）をなぞったりする傾向が見られるのですが，次第に②に示すように，腕と上半身で囲まれた部分や屈曲した膝周辺の空間を見るようになりました。また，③は「楽しい」というイメージを内包する舞踊運動で，スキップしながら合掌した両手を頭の上に伸ばした後，左右に振り下ろすという動作の中の一画面です。動作前半の両手を上に伸ばしていく動作のときは，①のように合わさった両手を目で追うのですが，両手が左右に開かれた後は，③のように，左右の手で囲まれた空間の中心付近に注視点が観察されました。これは，両手が開かれたとき，左右のどちらに目を向けるでもなく，両手で囲まれた空間の形状全体を視野に入れようとした結果であるといえます。さらに④は厳かなイメージを内包した舞踊運動で，両手を合わせてゆっくりと頭上に伸ば

第3章　舞踊の成り立ち

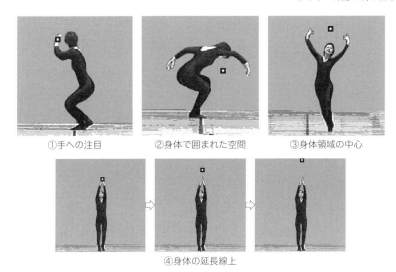

①手への注目　　　　②身体で囲まれた空間　　　③身体領域の中心

④身体の延長線上

図3-1　実験協力者の注視点

注：画面中の□の部分が実験協力者の注視点。実際の視線計測画面では注視点のマークが不鮮明であるため，本書では見やすくするために，筆者が実際の注視点マークを強調表示している。

していくという動作の中の一画面です。両手を徐々に上に伸ばしていく動作中では，①③と同様に，手先に視線が向けられていましたが，両手が④に示すように頭上で伸びきって静止すると，視線は手先にとどまることなく，伸ばされた手のさらにその先へと向けられたのです。

お気づきのように，これらの②～④の結果は，「身体を見ていない」のではありません。たとえば②は腕と上半身がつくり出す空間（身体で囲まれた空間）を見ているといえるでしょうし，③は個別の身体部位ではなく，広範な身体領域全体を視野に入れようとしているといえるでしょう。また，④は踊り手の伸ばされた手のさらにその先に何かを見い出そうとしている，と考えられます。実験協力者は，身体で囲まれた空間に，身体領域の全体に，伸ばされた手のその先に，何を見たのでしょうか。

実験では，①で示したように，踊り手の手や顔，足といった個々の身体部位を注目しつつ，同時に，②から④で紹介したように，私たちの身体がつくり出す空間を主体的に見い出そうとしている様子もうかがえました。つまり，先ほ

ど述べたように，私たちが舞踊を見るとき，踊り手の身体が繰り出す個々の動きを捉えつつも（①の例），身体がつくり出す空間を主体的に見い出すことで，現実には目に見えない力の表現を感じとっている（②〜④の例）という身体の二重性が実験によって確かめられたといえます。

この身体がつくり出す空間，という考え方は，現象学の分野ではよく知られた考え方でした。哲学者（身体論）の市川浩は，私たちの身体は私たちが生きる環境世界と明確に区別することのできない身体空間を形成し，その身体空間は，ときにわれわれの体表を超えてはるかかなたまで拡張（延長）すると論じました（市川，1975）。舞踊における身体もまた，踊り手が目に見えないイメージの世界を目に見える運動現象として外在化したとき，それを見る人は，目に見える身体の個々の動きを捉えつつ，踊り手の体表を超えて身体が延長していくさまを確かに見ている，といえるでしょう。

② 身体がつくり出す空間の二重性

ダンサーは，舞台に立つ稽古において，自分の体の枠を決めつけて動かずに，どうしたらその枠を数センチでも大きな枠にできるのか，どうしたら踏み出す足をもっと先の床へ着けるのかを試行錯誤するといいます。上手なダンサーは舞台上では大きく見え，終演後に舞台からおりた日常の姿を見ると，思いのほか小柄な人で驚いたというのはよく聞かれる話です。踊り手が，自身の身体と，その身体がつくり出す空間の二重性に目に見えない力を込めるとき，観客はその二重性の上に，単に踊り手の素材としての身体以上のダイナミック・イメージを見ているといえるでしょう。このように考えると，前項や本項で取りあげた踊り手の身体を取り巻く様々な二重性（舞踊の素材としての身体／日常生活を営む身体，舞踊の主体／舞踊の素材，舞踊の素材／舞踊の媒体，踊り手の身体／身体がつくり出す空間）にみられるような，身体を起点とする複層的な特性こそが舞踊を舞踊たらしめているのです。

（3）動きの特性

① 素材としての動きから表現的な動きへ

　本書で対象とする身体表現における動きは，バレエのように脚を高くあげる動き，素早い回転，高いジャンプ，あるいは日本舞踊のすり足や所作，社交ダンスの2人で組んだ優雅なワルツステップ等々，特定のジャンルの舞踊の動きでも，洗練された動きのみでもなく，ありとあらゆる動きを意味しています。つまり，どんな動きも表現の素材であり，表現したいイメージにふさわしい動きをつくり出すことによって，その動きは表現的な動きとなります。

　簡潔にいえば，どんな動きでも，ちょっと手を加えれば表現になります。ちょっと手を加えるとは，動きの速さ，強さ，大きさなどの運動の成因やリズムを変化させたり，身体の形を変えるなどです（第6章第2節参照）。たとえば，「跳ぶ」という動きについて，全身を大きく開いて高く跳べば「花火」の表現にもなりますし，音もなくそうっと跳べば「雪降り」の表現にもなります。同じ「跳ぶ」でも，どのように手を加えるかによって様々な表現へと変貌を遂げるのです。

　さて，舞踊の動きを指す言葉に，動き，運動，舞踊運動などがあります。[2]「動き」と「運動」は，日常的に使われる言葉で，みなさんも状況に応じて，自然に2つの言葉を使い分けていることでしょう。舞踊の世界でも同じく「運動」ということもありますが，「動き」というのが一般的です。なぜ，「運動」でなく「動き」なのか？　端的にいえば，「動き」という方がしっくりくるからであり，ここに，舞踊の特性が現れています。その特性の現れた「動き」という言葉の使い方を明確にするために，筆者は舞踊における「動き」と「運動」の違いを次のように捉えています。

　先に例にあげた，花火を表現する「全身を大きく開いて高く跳ぶ」動き，雪降りを表現する「音もなくそうっと跳ぶ」動き，その他「ダイナミックに跳ぶ，軽やかに跳ぶ，回りながら跳ぶ」など，跳ぶ動きは無限につくり出すことができます。このように，いかに「跳ぶ」か，その具体をともなうものを「動き」

第Ⅰ部　身体表現の力を理解するために

表3-1　8つの基礎的エフォート・アクション

	アクション	時　間　性	力　　　性	空　間　性
A	Thrusting（突く）	Sudden（急変的）	Firm（強いひきしめ）	Direct（直接的）
B	Slashing（ねじりきる）	Sudden（急変的）	Firm（強いひきしめ）	Flexible（迂回的）
C	Floating（浮かぶ）	Sustained（保持的）	Fine touch（軽い浮き）	Flexible（迂回的）
D	Gliding（滑る）	Sustained（保持的）	Fine touch（軽い浮き）	Direct（直接的）
E	Wringing（ねじる）	Sustained（保持的）	Firm（強いひきしめ）	Flexible（迂回的）
F	Pressing（押す）	Sustained（保持的）	Firm（強いひきしめ）	Direct（直接的）
G	Flicking（ひねりはじく）	Sudden（急変的）	Fine touch（軽い浮き）	Flexible（迂回的）
H	Dabbing（軽く叩く）	Sudden（急変的）	Fine touch（軽い浮き）	Direct（直接的）

出所：プレストン, 1963；松本, 1976, p. 79

というのに対し，いかに跳ぼうとも跳び方にかかわらず跳ぶ動きはすべて“跳躍”という同じカテゴリーの運動になります。このように「動き」と「運動」を位置づけると，“跳躍”という「運動」から多様な跳び方の「動き」への広がりを捉えることができます。この多様な動きへの広がり，これが舞踊の動きの特性です。つまり，イメージにふさわしい動きの探求は，この多様な動きへの広がりに保障されているのです。

②　動きの表現性

先に，どんな動きでも素材になるといいました。そのような動きにはどのような特性があるのでしょうか。

1）エフォート・アクション

モダンスダンスの父と呼ばれるルドルフ・ラバン（Laban, R.）は様々な場面での人間の動きの観察・研究を通して，動きの感性的性質をエフォートと名づけ，基礎的なエフォート・アクションとして表3-1の8つをあげました。

エフォート・アクションとは，時間性（time）・力性（weight）・空間性（space）の3つの要因が結合したもので，人間の行動の諸相を表現し，基本的な感覚や雰囲気を生み出す性質をもっています。

そして実際には，時間性・力性・空間性の3つが等しく機能するアクションばかりでなく，2つの要因が機能する不完全エフォートもありますが，まず，8つの基礎的なアクションを習得することが，明確な動きの体験や表現につな

がるとされています。

　このようにエフォート・アクションは，習得すべきものと位置づけられていますが，自由な動きを創造する身体表現においては，決められた動きの習得としてではなく，このエフォート・アクションが，1つの運動から多様な動きを生み出す手がかりになります。たとえば，跳躍はラバンの言葉でいえば時間的に急激的な運動であって，時間性を変えることはできません。しかし，力性と空間性を変えることは可能で，跳躍の高低，強弱，直接的・迂回的というように変化させることによって，それぞれ表3-1のアクションA，B，G，Hと関連した違った跳び方の動きになります。そしてその違った跳び方の動きを核にしたアクションを体験することにつながります。

　2）動きの感情価
　3つの運動要因の結合をエフォート・アクションとして運動の特性を示したラバンに対し，松本らは運動特性と表現の関係を「動きの感情価」というテーマで，実証的に研究を進めました（松本，1972，1988：柴，1978，1996，2003）。動きの感情価とは，動きが内包する感情とその強さを意味し，私たちが動きを見たり，実際に踊ったりすることによって感じとられる感情を意味します。感情価は，その動きがもつ表現性でもあり，動きの表現性には，運動の型と感情の質という二側面があります。

　運動の型は，動きに表現性をもたらす基盤となる性質を有し，ラバンのいう運動要因と同じく3つの要因からなりますが，各要因の特徴を9対の言葉で表しているところに特徴があります（表3-2）。そして，たとえば，軽やかに規則的に弾む動きを見たり，踊ったりしたとき，その動きは「楽しい」感じに，なめらかで曲線的で持続的な動きは「優美な」感じに，ゆっくりと重く縮小的な動きは「悲しい」感じに結びつくというように，運動の型と感情の質は連合関係にあり，一定の関係がみられます。なお，舞踊運動の感情の質を表す用語については，松本のみえに基づく感情語群，柴の体感に基づく感情語群などがあります。

第Ⅰ部　身体表現の力を理解するために

表3-2　運動の型

運動の成因	運動の型を表す対語	
時　　性 (Time)	スピードのある（Speedy）	一ゆっくりした（Slow）
	アクセントのある（Accented）	一なめらかな（Smooth）
	不規則な（Irregular）	一規則的な（Regular）
	不均等な刻みの（Unevenly notched）	一均等な刻みの（Evenly notched）
空間形態性 (Design)	直線的な（Straigt）	一曲線的な（Curved）
	拡大的な（External）	一縮小的な（Internal）
	バランスのとれた（Balanced）	一アンバランスな（Unbalanced）
力　　性 (Energy)	強い（Strong）	一弱い（Weak）
	重い（Heavy）	一軽い（Light）
	急変的な（Sudden）	一持続的な（Gradual）

出所：松本，1988のチェックリストによる

　9対ある運動の型の組み合わせを変えることによって，違った型を有する動きが生まれ，それぞれの動きの特質と結びついた感情が表現されることになります。運動の型と感情の質の連合関係を理解しての実践は，様々な感情を表現する動きの工夫を促します。

3　創造性の働き

　さて，ここまで，舞踊の素材としてのイメージと，素材・媒体としての身体と動きの特性をみてきました。冒頭に述べたようにこれらの素材を料理して舞踊をつくり出すのには，創造性が重要な役割を担っています。

　そこで，まず，内的素材と外的素材を結びつけ舞踊を成立させる創造性の働きを概観し，創造の過程では，舞踊の中でも最も創造性を発揮する活動である身体表現を取りあげ，身体表現の創造過程を論じていきます。

（1）全人格特性としての創造性

　精神医学者のアリエティ（Arieti, S., 1955）によれば，創造性は，人間が条件反射の束縛からだけでなく，通常的選択の束縛から自己を解放する大切な方法の1つであり，創造的な仕事は，世界と人間存在とのあいだの付加的なきずな

をつくりあげ，新しい次元を加えたり明らかにしたりすることによって，世界を拡大すると同時に，この新しい次元を心の中に経験できる人を豊かにし発展させるという2つの役割を担っています。

このような2つの役割をもつ創造性は，創造性のレベルに相違はあるもののすべての人間がもっています。心理学的に健康である人は自己実現的人間であり，自己実現には創造性が不可欠であるというマズローは誰でもがもっている創造性を「自己実現の創造性」と呼び，天才とか科学者，芸術家などの特別な才能の持ち主達に見られる創造性を「特別な才能の創造性」と呼んでいます。もちろんこの特別な才能の創造性と自己実現の創造性は明確に分けられるものではなく，両者には連続性があり，自己実現の創造性を専門的に深めていくことによって，特別な才能の創造性に転化していく可能性もひらかれています。

マズローは，第1章でみたように人間欲求の階層を提唱した人物で，彼はその頂点に「自己実現」を置き，創造は「自己実現」の活動であり，自己実現の創造性の本質的な面は自発的で，権威などに左右されない自由なものの見方，考え方にあるといいます。このような創造性はとりもなおさず，全人格特性としての創造性を意味するものであり，創造はまるごとの自分を投じた全人格的な活動であることがわかります。本書では，全人格的な活動としての創造活動に焦点をあてて，身体表現と創造性について考えていきます。

① 創造における新しさ

さて，すべての人がもっている創造性とは何でしょうか。創造性，創造力，創造的という言葉で形容される私たちの活動は非常に多く，創造性の定義も研究者の数だけあるといわれるような状況にありますが，多くの定義に共通するのが「新しさ」という概念です。この新しさには，社会的・文化的に価値ある新しさと，その個人にとって価値ある新しさという意味があり，先にみた創造性の2つのレベルでその意味は異なります。

「特別な才能の創造性」をもつ人々の創造活動における新しさは，社会にとって真に価値のある新しさであるかどうかで評価されるもので，公的に価値ある新しさということができます。これに対して，「自己実現の創造性」は，社

会にとってはとりたてて新しいと感じられるものではなく，必ずしも社会的に高く評価されませんが，その個人にとっては価値がある新しさであることを意味します。

② 創造の過程と所産

　創造的想像力に始まり，創造の過程を経て，新たな創造物の誕生へ至る一連の創造活動からわかるように，創造という言葉には，新しいものをつくっていく過程の性質と，新しくつくり出されたもの——創造の所産——の性質が含まれています。創造活動を全人格的な活動と捉えるときには創造の過程に重きを置く傾向がありますが，創造の所産をまったく無視してしまうということはできません。

　このことについて穐山は「創造の過程を重視し，創造を自己実現と考える理論はしばしば『創造本能』を説くが，創造においては外部に表現しようとする欲求と他の人々に伝達しようとする欲求の両者が働く社会的な活動であるがために，一方においては人間の生き方としての創造過程を，他方においてはその生き方に影響を与えるものとしての創造の所産を考えるのがよいと思われる」（穐山，1971）としています。穐山が，創造活動を創造者の表現欲求と伝達欲求の両者が働く社会的な活動と捉えているように，この2つの欲求は偉大な創造性の持ち主も普通の創造性の持ち主も共有する欲求であり，この欲求の充足が創造活動のインセンティブになると考えることができます。したがって，全人格特性としての創造性の陶冶を目指す教育の場においても人間の生き方としての創造の過程を重視しつつ，創造の所産が自分自身および周囲の人々にどのような新しさをもたらすのかに気づくことを可能にする指導が望まれます。

（2）創造性の内容とその周辺

① 創造力と創造的態度

　創造性には，能力としての創造性（創造力）と，創造的態度という2つの側面があり，さらに，能力としての創造性は創造的思考力と創造的表現力に，創造的態度は創造性を発揮するための態度と創造性を受容する態度に分けられま

図3-2 創造性の内容

す（図3-2）。

　創造的態度のうち，創造性を発揮するための態度とは，他にやり方がないかといろいろ可能性を試みたり，進んで新しいアイディアを考え出したり，新しい仕方で表現したりするなどのように，自分から積極的に自発性や独自性，集中力などを発揮して，自分のやり方であれこれ試みようとする態度を指します。他方，創造性を受容する態度とは，他の人の創造行為を創造行為として認め，受け入れようとする態度ですが，そこでは，とりわけ，他の人の独自性に目を開き，その独自性を賞賛する態度が肝要であり，他の人の独自性や創造性を受容する態度は，翻って，自分自身の創造性を発揮するための栄養となります。

　能力としての創造性のうち，創造的表現力は，動き，音，絵，言語などを媒体として，みずからの内界のイメージを，その人らしいやり方で表現する力を意味します。私たちは，舞踊，音楽，絵画，詩などを見聞きしたときに，作品を通して作者の表現力も感受し評価しますが，表現力とは量に換算することの難しい「質」を評価するものであるために，その能力を測定する客観的な検査法はありません。他方，創造的思考力は量的に評価できる面があるために，かなり研究が進み，従来，知能の一部と考えられていた創造的思考力は，知能とは違った人間の知性の重要な側面を示すものであることが明確になりました。

② 創造的思考と知能

　ギルフォード（Guilford, J. P.）は，人間の知的能力には知能と創造性という2つの面があることを主張し，知能とは，既知のものを定着させ，あらかじめ確定しているものを保存しようとするもので，創造性とは既知のものを改定し，未確定のものを追求し構成するものであるとしています。

　表3-3に示すように，知能検査などの問題の解決に必要な思考は，与えら

第 I 部　身体表現の力を理解するために

表 3 - 3　創造的思考と知能の特性

| 知　　能 | • 収束（集中）的思考
• 論理的思考
• 分析的思考 |
| 創造的思考力 | • 拡散的思考
• 直感的思考
• 想像力 |

れた問題を既成の論理に基づいて解決するもので，期待される答えは1つです。このように一定の解答を追求する思考を収束的思考といいます。

　これに対して，創造的思考とは新しくて価値のある着想を生み出すような思考のことです。創造的思考の特徴の1つとして問題自体の発見と解決方向の枠組みの設定，あるいは見当づけの中に優れた価値が含まれていることがあげられます。創造的思考では様々な可能性について多くの答えを探しだす拡散的思考が必要とされます。拡散的思考は，既成の論理にこだわることなく，自発的に，各人の独自の視点から問題に取り組む過程であり，その結果，出される答えは必ずしも1つに限られるものではなく，答えは複数ありえますし，1つの答えに至る道筋もいくつもあるような思考です。科学的な発見や発明で必要とされる拡散的思考と芸術や表現で必要とされる拡散的思考では求められる解の姿が異なり，芸術や表現活動時の拡散的思考についていえば，唯一の正解はなく，それぞれの答えを出した一人ひとりにとって，その答えが新しい価値あるものならば，それも正解であるということができるというような特徴があります。実際の創造活動においては，拡散的思考と収束的思考が循環しながら，イメージや動きが明確になっていきます。

③　創造性の測定・評価

　人間の知能を知能テストで測定評価し，その結果を指導に生かすように，知能とは異なる知的側面である創造性も測定評価することによって指導に何らかの役に立つはずです。しかし，従来の知能テストでは，創造的思考力は測定できないことが知られるようになり，ギルフォード，トーランス（Torrance, E. P.）らによって，拡散的思考，直感的思考，想像力といった面を測定する創造

性検査が考案されました。

日本では一般にS-A創造性検査[3]（言語式）が使われています。この検査はギルフォード教授の指導と承認のもとに，創造性心理研究会によって作成されたもので，創造的活動の応用力・生産力・空想力という3つの領域を検査します。

応用力とは，たとえば「新聞紙の使い道を多面的に考える」といったような力で，その物が本来もっている属性（機能，形，性質，材料など）を有効に役立てることのできる能力を意味します。

生産力とは，たとえば「夢の靴やテレビを考える」といったように，ある特定の機能を備えた物について，現状の姿と夢を比較してより望ましい改良案を考える力で，現物を固定的なものとしてみるのではなく，目的や用途の広がりをもたらせていく能力を意味します。

空想力とは，たとえば「この世からネズミが1匹もいなくなったらどんなことが起こると思うか」というように，現実に起こりそうにない事態が起こったとき，どのような事が生ずるかを空想する力で，事象の変化やそれによって生ずる結果を予想，予測，洞察する能力を意味します。

そして各領域の検査結果は，思考の速さ・思考の広さ・思考の独自さ・思考の深さという4つの思考特性から評価されます[4]。

このように創造性を多面的に測定評価することによって，自分自身の創造活動の得意・不得意の領域や思考特性を知ることができ，思考特性の異なる人々とともに活動することによってお互いの特性を生かした豊かな活動の展開と，お互いの特性が刺激となって，各人の創造性の不得意な面の伸張も期待できます。

④　各人の創造性が生きるグループでの身体表現

身体表現の活動では，グループ創作の機会が多くありますが，グループのメンバーを毎回入れ替えることが，ダイナミックなグループ創作活動の基盤となります。創作のプロセスでは，グループの構成員一人ひとりがアイディアを出し，多くの意見をぶつけあいながら次第に1つの方向に収束していくという過程をたどります。グループの中で，他の人々のいろいろなアイディアを聞いて

第Ⅰ部　身体表現の力を理解するために

いるうちに，それがスプリング・ボードとなって，1人では思いつかなかった
ようなアイディアがわいてくるということは誰でも経験した記憶があるでしょ
う。つまり，グループで活動することにより，他の人のアイディアが刺激とな
り，そこからまた違ったアイディアが生まれます。応用力，生産力，空想力な
どの創造的能力のうち，どの能力に優れているかは人によって異なります。創
作にあたっては，表現内容のイメージに関する応用力，生産力，空想力も，動
きの応用力，生産力も必要ですし，それらを考えるスピード，広さ，深さや独
自性も必要です。これらの様々な能力に凸凹のある仲間が共同で，作品を創る
という活動は，お互いの力を補完しあうにとどまらず，お互いの力が相互に刺
激となって，各人の能力の伸展がはかられます。また，アイディアを出しあい，
人の意見に耳を傾ける過程で，多面的なものの見方，考え方があることや，お
互いにふだん見えていない自分自身の姿や他のメンバー一人ひとりの意外な面
を発見する機会にもなり，このような態度は，自分自身および他の人をよりよ
く理解し，豊かなコミュニケーションにつながります。

（3）創造の過程

①　創造の過程の段階

　一連の創造の過程を1つの単位とし，その一単位の中をいくつかの段階に区
切ることによって，創造の過程を理解しようとする多くの学者によって，しば
しば引用されてきたのは，ワラス（Wallas, G.）による「創造の過程の4段階」[5]
説です。ワラスは，創造の過程を，準備期・孵化期・啓示期・検証期の4段階
に分けて考えました。

　準備期は，創造する人が解決するべき問題について，あらゆる方向から自由
に考え，関連する資料を収集したり，また他者からアドバイスを受けたりと，
意識的な努力をし，創造のための準備をする段階です。

　孵化期は，創造者が準備に精力的に励んでも行き詰まりを感じる時期で，準
備期のような創造への意識的な努力はいったん休止され，気晴らしに他の活動
を行ったりします。その間，創造者は意識的には考えをめぐらしてはいません

が，準備期に収集した素材や考えなどが頭の中で無意識のうちに温められ，醸成されています。この時期は，他者の目には，創造する人があたかも創造を諦めたかのように映ることもありますが，準備期と次の啓示期の間に位置する重要な時期です。

　啓示期は，突然に，問題を解決するアイディアがひらめくときを意味します。創造の過程における決定的な要素であるインスピレーションが思いがけないときに突然に，それもあたかも他者から授けられたような感じで出現するといわれています。

　検証期には，ひらめいたアイディアの妥当性が吟味され，明確な形をとった解が完成します。

　このワラスの創造の4段階説は，多少修正され，あるいは拡大されたりしていますが，多くの学者によって受け入れられています。4段階説に照らして実際の創造活動を振り返ってみると，私たちは創造に向けての準備，創造に行き詰まり意識的な関わりを停止している時期，そして突然ひらめき，ひらめきをある形に実現していくという位相を経験しています。ただ現実には，この4つの段階が特定の順序で一直線に展開するわけではなく，準備期，孵化期を経てひらめいたと思ったら実際にはうまくいかず，再び3度と準備期や孵化期などの往還を繰り返す中でよりぴったりくるひらめきを得て，そのひらめきを形にし，実現するという過程をたどったりします。

②　身体表現の創造の過程

　身体表現の創造の過程をワラスの創作過程の4段階に照らしてみてみましょう。

　身体表現の創造の準備期について。身体表現を取り巻くあらゆる要素が作品創作の契機となります。たとえば，「ムンクの叫びを創作刺激としてこの動きをモチーフにして創作したい」という場合，ムンク自身や「叫び」という作品の背景について調べたり，ムンクの叫びに触発されたイメージを外在化するに相応しい動きや音楽，衣装などについていろいろな角度から考えます。身体表現の場合，資料を調べたり，考えたりという静的な活動だけでなく，実際にか

第Ⅰ部　身体表現の力を理解するために

らだを動かしながら，考え，創作の素材を準備します。準備が進み，次第にテーマや表現の中核が固まってくると，動きを出しながら創作にとりかかります。身体表現の創造では，ここが一番時間のかかる過程であり，また，行き詰まりも生じます。ここでの行き詰まりは，テーマや表現の中核が不明確であることや，それらは明確であるもののぴったりする動きがみつからないことに起因することが大部分です。この行き詰まりに突き当たると孵化期に近い状態に入ります。身体表現の創造における孵化期では，他の創造活動と同じように，意識的な努力はいったん休止しますが，多くの場合，からだを動かすことは止めません。今までの動きを何気なく踊っていると，からだが自然に動き，必ずしもテーマにあった動きではないもののいくつかの動きも加わってくる，このように動くことによって孵化が促進されるという特徴があります。したがって純粋な孵化期というより，準備期と孵化期を動きをともないつつ，反復しているという様相を呈しています。そのような準備期と孵化期の往還ののちに，「あっ，この動きだ」という啓示のときが訪れ，検証期では，その動きを手がかりに，テーマに沿った作品を展開していきます。しかし，この啓示で受けた動きで行き詰まりが解消できず（検証できない），再び，準備期や孵化期を経て，新たな啓示を受けるというプロセスを繰り返し，実際に踊って納得のいく作品ができたとき，一連の創作活動は終わります。

　このように身体表現の創造においては，準備期と孵化期を素材・媒体である身体の動きをともないつつ，何度も往還するという特性があり，準備期と孵化期の2つの段階が混在しているようにもみえることがあります。しかし，創造の過程をいくつかの段階に分けて考えることは，自分自身の創造活動に行き詰ったときや，創造活動の指導の際に，創造の過程のどのような面に問題があるのかを知る手がかりとなり，創造活動の手助けになります。

　創造性には，いくつかの段階を経て，イメージ，身体，動きという素材や媒体を，1つの身体表現にまとめあげる力があり，その力によって身体表現が成立するのです。

注

(1) 湯浅は情動を持続時間は短く範囲も限定されているがより強力な感情の経過をいうとしながら、情動と共に情動に類似した心理作用である感情、気分、情念などの総称として生理心理学の慣例に従って「情動」という言葉を用いるとしています。したがって、総称としての「情動」は、藤岡の言う「感情」と同様の心理作用であることになります。

(2) 「舞踊運動」は一般的な言葉ではなく、研究者が「表現性をもちうる最小単位の運動」を意味する用語として使用している慣用語です。

(3) S-A 創造性検査には問題のタイプが 2 種類（A 版、C 版）あるので、たとえば入学時に A 版を、卒業時に C 版で検査を実施し、入学時と卒業時の創造性の活動領域や思考特性の比較ができます。この他、言語表現に制約のある小学校低学年の児童のためにトーランスの方法を参考にして恩田らによって作成された非言語式の S-A-P 創造性検査（絵画式）があります。

(4) 自己採点は不可能で、テスト終了後、検査用紙を東京心理株式会社に送付し、採点後、返送されてきます。

(5) アリエティは創造の過程の 4 段階のうち、啓示期以外はすべての精神作業に共通するもので、創造の過程に特有なものとはいえないし、また、準備期、あたため期という 2 つの段階が、なぜ啓示をもたらすのかがわからないと段解説を批判しています。この批判に対し、現在も研究は進行中で、創造の過程を何段階に分けるかは、研究者によって異なりますが、ワラスのいう 4 つの段階に相当する様相が多くの研究者に共通しています。

第4章

コミュニケーションとしての舞踊

　人間はじっとそこに存在するだけで，関係をつくり出し，表現をしています。そして動き始めると，その動きにともなって様々な感情が生まれ，また，動くときには，その動きにあった呼吸があり，呼吸の違いは感情の異なりを生み出すというように，運動・感情・呼吸は深い関係にあります。1人で動くときには1人分の呼吸が，2人で動くときには2人分の呼吸が生まれ，お互いにつながっている感覚が生まれます。

　舞踊は，運動・感情・呼吸の関係を体現する情緒的経験のコミュニケーションで，活動の場面によって様々な様相があります。

　ここでは，まず，舞踊のコミュニケーションの特性と様々な様相をみ，次いで身体的コミュニケーションの基盤である情動調律，コミュニケーションの成立に欠くことのできない場とコミュニケーションの関係を取りあげていきます。

　このようにコミュニケーションとしての舞踊がもつ意義を探究していくと，その意義の多くは自ら創って踊ること，すなわち身体表現という営みの比重が大きいことがわかります。そこで，第4章では第Ⅰ部のまとめとして舞踊の意義としてではなく，身体表現の意義として論じていくことにします。もちろん身体表現の意義は舞踊の意義でもあります。

1　舞踊のコミュニケーション特性

（1）人間の身体性と自己

　人間の身体性と自己の関係について，精神医学者であり，舞踊研究者であっ

第Ⅰ部　身体表現の力を理解するために

た石福恒雄は，「鏡像」という現象を用いて，自己認識の原点としての身体が他者理解の過程においても大きな役割を果たしていることを論じています（石福，1977）。鏡に映った自分（鏡像）とそれをみつめる自分との間には同一性の中の差異（鏡像の原理）があり，そこに実在としての私と鏡像との間に問いかけが生まれ，私を他者としてみつめることのできる自己の現れをみています。さらにその鏡像関係は人間関係を発展させていく広がりをもつものであり，それは現実的な他者との出会いにおいて，他者の中に自己を見出したり，自己の中に他者を感じたりする現象として現れ，人間の身体は自己に求心的に凝縮するのではなく開かれた系として外に延長し拡大していくという本質をもっていることを現象学的に論じています。

（2）舞踊は感性的コミュニケーション

　石福のいうように自己理解・他者理解の原点は身体にあり，目に見えない内的世界を目に見える身体の動きを通して表現する舞踊の活動は，その場に在る者のまるごとのからだが相互に響きあう過程です。そこでは第1章でみた「自分の内とのコミュニケーション」と「自分の外とのコミュニケーション」が同時に生起し，自分の内と外，この2つのコミュニケーションが循環し，自己理解と他者理解はあい絡まって深まっていきます。

　舞踊におけるコミュニケーションは，言語や数式などの論理的な情報伝達とは異なり，身体の動きが生み出す多義的で主観的な情報伝達を行うもので，そこでのコミュニケーションは人間の感性に働きかける感性情報のやりとりが主体である感性的コミュニケーションです。創作や踊り込みのプロセスで，感性情報を明確にしたり伝達したりするために，言語を使う理性的コミュニケーションも行われますが，それは感性的コミュニケーションを支援するための役割を担っています。

2 舞踊におけるコミュニケーションの諸相

　舞踊におけるコミュニケーションには様々な様相があります。舞踊を創作するとき，舞踊を鑑賞するとき，舞踊を指導するときなど，それぞれの場で生じるコミュニケーションには共通する様相と異なる様相があります。舞踊の創作から発表までのプロセスを見れば，舞踊におけるコミュニケーションのほとんどの様相を見ることができます。

　そこで，ここでは『風』をテーマに5人で創作し，発表する場合を例にして，舞踊におけるコミュニケーションの諸相をみていきます

（1）5つの様相

①　創作者における内的世界とのコミュニケーション

　まず，各人が風をどのように捉えるのか，自然現象としての風の音を耳で聞き，その暖かさや冷たさを肌で感じ，風が運ぶ香を嗅ぐ，風に動かされ，飛ばされる物や人を見る，というような過去の経験や現実の感覚・知覚から呼び起こされる様々な感情や思考，そこに直感や想像力を働かせ，表現内容のイメージを描きます。

②　グループ創作における創作者相互のコミュニケーション

　5人で各人のイメージを言語であるいは動きや絵などで出しあい，お互いのイメージを照合し，検討しながら，それらを1つのイメージにまとめあげ，作品の中核を明確にし，メンバー全員がそれを共有します。

③　創作者（踊り手）相互のコミュニケーション

　イメージにふさわしい動きを各人であるいはみんなで創出し，それらの動きを構成して1つの作品を創っていきます。作品が完成したら踊り込みますが，その際，その作品のイメージにふさわしい踊り方を工夫して，自ら踊ることによってその動きを体感し，その体感によるフィードバックと，踊りながら仲間の踊りを見，また全身で感じとることによって踊り方を確認します。

第Ⅰ部　身体表現の力を理解するために

④　踊り手と観る者とのコミュニケーション

　観る者はその目に見える動きを通して，目に見えない踊り手の内的世界を感じとります。踊り手は踊りながら観る者の存在の仕方（引き込まれるように観ている，醒めているなど）を感じとり，その存在の仕方に踊り方（表現のし方）が影響を受け……というコミュニケーションです。作品に対する観る者の感じ方は踊り手と観る者，この両者の内的世界のかけ算の結果なのです。

⑤　創作者と踊り手が異なる場合——創作者と踊り手のコミュニケーション

　創作者と踊り手が異なる場合は，その作品の意図や踊り方などを両者が共有できるように動きと言葉で確認します。

（2）まるごとの自分を投じた活動

　5つの様相のうち，①は完全な自分の内とのコミュニケーションであり，②〜⑤は他者とのコミュニケーションであると同時に自分の内とのコミュニケーションです。このように，舞踊の創作活動は「まるごとの自分を投じた自分探索の旅」であり，自分を探しながらそのプロセスを仲間とお互いにぶつけあうという「まるごとの自分を投じての」共同体験は，自分にはない感じ方，考え方，行動の仕方があることを気づかせ，また，それまで気がつかなかった新しい自分を発見する場でもあります。

3　情動調律——身体的コミュニケーションの基盤

　舞踊の創作活動には，上記のように仲間だけで進めていくものと，授業やダンスセラピーのセッションのように指導者が関わって進めていくものがあります。いずれにしても生身の身体が出会っての活動で，参加者と指導者，参加者と参加者の間にはしばしば間主観的な関わりあいが生じています。

　間主観的な関わりあいとは，その場にいる複数人（人間同士とは限らない）の主観が交流し，それぞれの主観体験が他者の主観によって影響を受け，その場にいる人だけに共有される心の現実が形成される関係を意味します。

（1）身体表現の指導にみる間主観的な関わりあい

　身体表現での間主観的な関わりあいを，実際の指導場面にみてみましょう。

　ここでは指導場面を保育現場として，指導者と参加者を，保育者と子どもと記すことにします。

　保育者は，つねに子どもと一緒に踊っているわけではなく，子どもたちが生き生きと動いたり，表現できるように全身で言葉かけをしています。たとえば，うさぎになって楽しそうに跳ねている子どもには，明るく弾んだ声で「ピョンピョンピョンピョン」と言葉かけをし，時々，「ピョンピョンピョ～～ン，ピョンピョンピョ～～ン」というようにリズムを変えて「ピョ～～ン」の部分を高い声にすると，子どもたちはその「ピョ～～ン」に反応して高く跳びあがります。時には保育者がその言葉かけに予想していたのと異なる動きをする子どもがでてくることがあり，保育者はその動きをみんなで共有したいと判断すると即座にその跳び方にあった言葉かけも入れ込んでいきます。また，エネルギーの感じられない中途半端なジャンプをしている子どもには，大きな力強い声で「ジャア～～ンプ！」と言葉かけをします。するとその声の勢いにつられて，子どもは大きくジャンプしてしまいます。意識的に大きく跳ぼうとして跳んだのではなく，自ずと大きく跳べてしまったのです。保育者はいずれの場合も参加者の外部に現れたジャンプという行動に，ジャンプという行動で応じるのではなく，知覚様式の異なる言葉かけで応じています。

　このような保育者と子どもの交流（間主観的な関わりあい）はスターン（Stern, D. N.）のいう情動調律（affect attunement）にあたります。

（2）生気情動と情動調律

①　カテゴリー性の情動と生気情動

　乳幼児精神医学者であるスターンは，母子間の情動交流に焦点をあてた乳児観察を通して乳児の自己感の発達を論じ，間主観的関わりあいにおいて情動状態の相互共有が最も特徴的であると主張しました。

第Ⅰ部　身体表現の力を理解するために

　そして情動を，怒り，喜び，悲しみといった区分が明確なカテゴリー性の情動と，食欲，緊張などといった絶え間ないヴァイタリティに由来し情動状態の程度（いかに悲しいか，どのくらい楽しいか）の特徴を示す生気情動（vitality affect）とに区別しました。

　カテゴリー性の情動が怒り，喜び，悲しみといった区分が明確で，その表出は不連続であるのに対し，生気情動は時間の流れにそった活性化レベルの変化（活性化輪郭）を基礎として，あらゆる行動でみられる連続的な情動です。

　この生気情動は絶え間ないヴァイタリティに由来し，"波のように押し寄せる""次第に強（弱）まる""爆発的な"などの力学的・動的用語で表され，人生のあらゆる生命過程において必然的に湧いてくる情動の形であり，自分自身や他者の内部における力動的変化として体験されます。そして，表情の変化や声のトーン，姿勢や身ぶりによって，生き生きとしているとか，元気がないなどという情動として表現され，感じとられます。

　乳児が体験する世界は根本的にこの生気情動の世界であり，そういった情動は乳児だけでなく大人にもつねに存在しており，カテゴリー性の情動は，私たちの中につねに流れている生気情動の上に時折表出するという関係にあります。

② 　情動調律

　情動調律とは，母親と乳幼児がお互いの行動の背後にある情動を読みとる特徴的な情緒的相互交流のパターンに対して，乳幼児精神医学者のスターンが命名したものです。スターンは情動調律現象をよく表している例として次のような現象をあげています。

　　「生後9ヶ月になる女の子が，あるおもちゃにとても興奮し，それをつかもうとする。それを手にすると，その子は"アー！"という喜びの声を上げ，母親の方を見る。母親もその子を見返し，肩をすくめて，ゴーゴーダンサーのように上半身を大きくふってみせる。その体の動きは，娘が"アー！"と言っている間だけ続くが，同じくらい強烈な興奮と喜びに満ちている」。

（スターン，1985；神庭・神庭，1989）

　この例では，女の子の行動はおもちゃをつかもうとする動きとつかめたとき

に喜びの声を発することであるのに対し，母親の行動はその声が続いている間のゴーゴーダンサーのような動きであり，母親は女の子の表に表れた行動を再現しているわけではありません。しかし，そこでは興奮と喜びといったような情動状態を共有しています。

　このように，情動調律とは，内的状態の表現形としての行動をそのまま模倣することなく，そこで共有される情動状態がどんな性質のものかを表現する行動をとる関わりです。したがって，そこでは女の子の表に表れた行動をまったく正確に再現しているわけではありませんが，何らかのマッチングが起こっています。この上記の例でいえば，女の子の声の強さのレベルと持続時間が母親の動きとマッチしています。マッチさせるのは外部に表れた相手の行動自体にではなく，その人の感情状態を反映するような行動の側面に対してであり，別の表現のチャンネル（例でいえば，声―動き）や様式を使います。

　情動調律はカテゴリー性の情動にも生気情動にも起こりますが，大部分は生気情動にともなって起こります。あらゆる行動に随伴する生気情動を調律することによって，ほぼ連続的に相手の内的体験と思われるものを共有し，その結果，他者と"共にある"ことができます。しかし，情動調律には頻繁に起こる「共にある調律（コミュニオン調律）」だけではなく，誤調律も起こっています。「共にある調律」とは，他者が何をしていようが，それをまったく変えようとすることなくそのまま共有するような調律です。誤調律には「意図的誤調律」「非意図的誤調律」「真の誤調律」があります。「意図的誤調律」とは，他者との共有体験を壊さない程度に適度にズレのある行動をすることで相手の活動レベルや情動レベルを上げたり下げたりするような調律です。「非意図的誤調律」は，相手の感情状態の質や量，あるいはその両方を誤って受けとり，誤って受けとったことに気づかずに相手の行動に合わせるような調律（無意識のうちに行動にズレが起こっている）です。

　様々な情動調律を通して，乳児は母親とお互いの心を読み取りあい，それが調和したり，ズレたりするのを体験し，母親の感情と自分の感情が調和しているかどうかわかるようになり，自分の内的な主観的体験が，自分以外の人と共

第Ⅰ部　身体表現の力を理解するために

有可能であり，また共有できないかを知るようになります。

　情動調律は，自分自身と他者の内的状態の関わりへの気づきを促進します。

（3）身体表現の指導における情動調律の働き

　ここまで，母親と乳児の相互交流のキー概念である生気情動と情動調律について みてきました。このあたりで，先の身体表現の指導場面に戻り，子どもと 保育者の関係を生気情動と情動調律に照らして考えていきましょう。

　うさぎになって楽しそうに跳ねている子どもたちに，保育者は明るく弾んだ 声で「ピョンピョン」と言葉かけをしています。この時，保育者は，子どもた ちの外部に表れた動き自体に自分の動きをマッチさせるのではなく，子どもた ちの動きから感じとった感情状態にマッチするような言葉かけをしています。

　保育者は，子どもたちの内的状態の表現形としての行動（跳ねる）をそのま ま模倣するのではなく，そこで共有される情動状態がどのような性質のものか を，異なる知覚様式での行動（言葉かけ）で表現しています。

　子どもたちの跳ねる姿から受けとった気持ちに，「ピョンピョン」という言 葉かけで気持ちを返し，保育者のその言葉かけに子どもたちは楽しそうに跳ね 続けるという両者の交流は情動調律の1つである「共にある調律」にあたりま す。さらに子どもの活動レベル（この場合は跳ねる動き）や情動レベル（楽しい・ 嬉しい）をあげるために，共有体験を壊さない程度のズレのある行動（「ピョン ピョンピョ〜〜ン」という言葉かけ）をとっていますが，これは「意図的誤調律」 にあたります。また，保育者の言葉かけに対して予想していたのと異なる動き をする子どももでてきますが，その時，子どもは保育者の行動（言葉かけ）と 自分の行動を同定できなかったのかもしれません。この状態は「非意図的誤調 律」に似た性質を帯びた調律であると考えられますが，実は身体表現の指導に おいて，このような子どもによる「非意図的誤調律」[2]は，保育者にいろいろな ヒント（たとえば，こんな表現があったのかという気づき）を与えてくれます。

　このように，保育者は自らの働きかけに対する子どもの反応を見ながら「共 にある調律」「意図的誤調律」を選択的に使い分け，「非意図的誤調律」を掬い

あげることにより，子どもたちの情動に寄り添いながら，子ども達の主体的な
活動を損なうことなく，身体表現の活動を展開しています。

　子どもと保育者が，お互いの行動や状況からその背後にある相手の情動を読
みとり，その感情に対して異なる感覚様相で反応するという情動調律によって
もたらされる情動状態の相互共有は，まさに間主観的な関わりあいです。

　そして生身の身体と身体が出会うことによって，連続的に流れる生気情動や
時折表出するカテゴリー性の情動を感受し，その情動を調律することによって
情動状態を共有する営みは，身体的なコミュニケーションの基盤であることが
わかります。

　ここでは，保育者と子どもの関係を取りあげましたが，どのような指導の場
でも指導者と参加者の間で情動調律が生じています。間主観的な関わりあいに
おける情動調律の働きは，身体表現の指導場面に欠かせないものなのです。

4　場とコミュニケーション

（1）場とは何か

　複数の人々が１つの場所に集い，１人であるいは複数人で創り，踊り，観る，
その時，そこに誰が存在し，どのように関わるかによって，生成する場は違っ
てきます。たとえば，ダンスセラピーのセッションのさなかに主治医が入って
くると患者さんの表現は目に見えて変わってきます。そこに集う人々は，それ
ぞれ，自分とそこにいる他の人々との関係を感じつつ踊り，自分を他の人々と
の関係において創造的に表現をしています。

　さて，このような場はどのようにして生まれるのでしょうか。上述の例から，
場の性格はそこに集う人々相互の関わりあい，つまりコミュニケーションの在
り方によって容易に変化していくことがわかります。コミュニケーションには
場が必要でありその場はどのようにできるのか，できた場はコミュニケーショ
ンの影響をどのように受けるのか，この両者の関係は，舞踊にとって重要な問

第Ⅰ部　身体表現の力を理解するために

題の1つです。

　この両者の関係に対する実感を大変うまく説明してくれる理論に生命科学者である清水博の「場の理論」があります（清水，1996）。なぜ，この理論かといえば，この理論の核にあるリアルタイムの創出知，自他非分離状態，エントレインメントといった現象が，舞踊の活動においてしばしば生じているからです。

　では，さっそく清水の理論をみていきましょう。清水は，新しい場所に一歩踏み込んだときにまず感じられる場所全体の印象によって場が生成されるといっています。

　これを教室にたとえて考えると，その教室に存在している自分の現在の状態，そして他者（生徒，教師）の存在や他者との関係，さらにはその教室を取り巻いている空気が重苦しいものか明るいものかなどの総合的なイメージによって，教室という場所は活動の「場」となります。「場」とは人の心理的イメージを含めた，まるごとのからだに捉えられた空間のことを意味しています。そして，自分がいる空間に他者が存在するとき，他者もまた「場」の一部であり，自分と他者との関係は「場」の印象を左右する重要な要素となります。「場」の視点から他者との直接的なコミュニケーションを考えると，互いに同じ空間に身を置いて「場」を共有し，身体的なやりとりが可能な状態こそ，人間にとって最も自然な状態であり，人間同士の密接な関係が生み出されることになります。

（2）リアルタイムの創出と身体表現

　清水は，他者を含んだ「場」そのものと関わりながら生きていくことを「リアルタイムの創出」とし，刻一刻と変化していく「場」に臨機応変に対応していく力を「リアルタイムの創出知」と呼んでいます。マニュアル通りの対応をするような「機械的な知」ではなく，その瞬間ごとに考え，場に対して適切な判断をする「身体的な知」が重要なのです。身体表現は，つねに他者と場を共にしながら，まるごとのからだでコミュニケーションを深めていく活動です。身体的なコミュニケーションでお互いを理解しあうとき，必要となるのは身体的な知であることから，身体表現活動においてはおのずと「リアルタイムの創

出」が誘発されます。換言すれば，身体表現は，様々な場の要素に対しリアルタイムに対応していく，身体的な知を働かせる活動なのです。

　では，身体表現の場を生み出す要素にはどのようなものがあるでしょうか。指導者と参加者が共に活動を行うとき，たとえば，その空間の明るさや広さ，気温（暑い・寒い），湿度，音，使用する音楽（曲目，音量など），声（指導者の声，参加者の声），参加者の人数，距離，指導者の表情・身振りなど，これらはすべて場の情報，場のイメージとして，参加者それぞれの内的身体に映し出され，動きや心理状態を左右します。言い換えれば，多くの要素によって場の印象は変わっていくため，指導者は何がその場の印象を左右するのか，また，良い関わりが生み出される場とはどのような場なのかを，考える力が必要であることになります。

　教師が授業の場をつくり出すときは，生徒一人ひとりの反応を見ながら，授業の環境，空間の構成や自身の言葉かけ・身振り・表情，生徒同士の関わり方について考え，授業の展開をリアルタイムに判断します。逆に言うなら，教師はこれらすべての情報に基づいて刻一刻と授業にふさわしい場の生成を誘導していく役割を担っているということになります。また，そのようにして生成され続ける場を共有するそこにいるすべての人も，各人のすべての身体感覚を働かせてリアルタイムに対応しており，ここには，「場」の共有による直接的なコミュニケーションの成立をみることができます。

（3）自他非分離的コミュニケーションとエントレインメント

　このような身体的なやりとりによって人間が互いの存在を認知し，精神的に引き込み合う状態を，清水は「自他非分離的状態」と呼んでいます。

　今日，メディアの発達により人と人とが直接対面して会話をする場面が減っており，また，対面していても相手と目を合わさず会話をする人も多いようです。そういった，互いの間に壁があるような状態が「自他分離」の状態だとすると，「自他非分離」とは，自分が他者自身になったような感覚で他者を理解することを指しています（図4−1）。自分と相手とが同じ場に存在し，相手の

第Ⅰ部　身体表現の力を理解するために

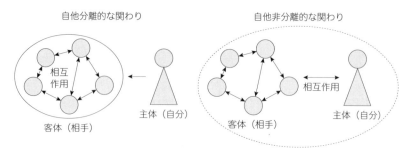

図4-1　自他分離的・自他非分離的コミュニケーション
出所：三宅, 2009より改変

状態をリアルタイムに受け止めながら関わっていくことで，互いの間の壁がなくなり，相手と一体になるような感覚で理解しあうコミュニケーションは，自他非分離的コミュニケーションとなります。

　こうした自他非分離的コミュニケーションによって，心の共有が可能となったとき，自己と他者との間には相互引き込み現象＝エントレインメントが起こりうると清水はいいます。

　エントレインメントはもともと物理学用語でしたが，対話している2人の脈拍の同調を発見したコンドンが，コミュニケーションを行おうとする身体は，お互いに相手の身体に同調しようとして引き込みあっていくことを証明したことにより，人間の間に引き込み現象が生じていることが知られるようになりました。この現象は乳児と母親の間に生まれるコミュニケーションの要因ともされ，まだ言葉をもたない乳児に，母親はほほえみかけ，手を振り，ときに子どもの身振りや喃語に同調したり，リズムをつけてゆらしたり，さすったりすることでお互いの間にエントレインメントが生じ，信頼関係を築いていきます。このとき，手の動きばかりでなく，「うなずき」や「まばたき」，「表情」，さらには呼吸や心拍の「リズムの変動」の間でもエントレインメントが存在していることが指摘されています。

　人と人とが場を共有し，まるごとのからだで関わりあうとき，そこには自他非分離的な世界が生まれ，身体同士が同調し互いに引き込み合うエントレイン

第4章　コミュニケーションとしての舞踊

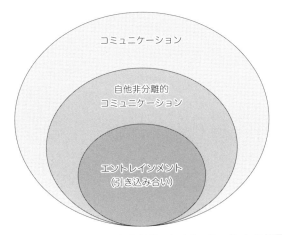

図4-2　コミュニケーションにおけるエントレインメントの位置づけ

メントが起こりうるようになります。この関係を図4-2に示しました。様々な方法で行われるコミュニケーションのうち，自他非分離的なコミュニケーションは相手との関わりが密になり，さらにお互いに引き込み合うエントレインメントが起こることで，コミュニケーションはより深いものになっていきます。

ところで舞踊は，まるごとのからだでそのときそのときの「場」に応じた表現を行い（リアルタイムの創出），他の人とその表現を共有し，お互いの身体が自他非分離的に同調していく体験であるとみることができます。これは，メディアを介した自他分離的コミュニケーションと対極にあり，人と人との関わりを密にするコミュニケーションとして，年齢や国籍，文化にかかわらずすべての人が経験しうるものなのです。

（4）舞踊の場とコミュニケーション

そこで，創る・踊る・観るという舞踊の3つの体験において，リアルタイムのコミュニケーションがどのように起こっているのかをみていきましょう。

①　創る――創作者同士のコミュニケーション

コンタクト・インプロヴィゼーションのように，2人の踊り手が即興的に動きを生み出しているとき，互いの身体が引き込み合うことで調和のとれた創作

83

第Ⅰ部　身体表現の力を理解するために

が行われているとみることができます。複数人で試行錯誤しながら作品を創るという場合でも，相手の動きに引き込まれて自分の動きが生まれてきたり，自分が動くことで全員の動きが誘導されたり，といった，創り手同士の同調が起こります。このように，創作者が互いにまるごとのからだを投じ，自他非分離的に関わりながら創作を進めていけるとき，お互いの創造性にエントレインメントとでもいうべきものが生じ，新鮮な作品を創りあげることができます。それは，誰か1人だけが創作し，指示をするような場合とは異なり，そのメンバーがその瞬間に集まったからこそできあがった作品であり，全員が創作者としての達成感をもつことができるのです。

② 踊る——踊り手同士のコミュニケーション

　2人の踊り手がぴったりと息の合ったデュエットを踊っているとき，そこに言語的なやりとりはありませんが，身体の動きのやりとりの中で，「こう動きたい」という意思を伝えあい，タイミングや力の加減，呼吸の深さを調和させていきます。動きを生み出しながらも，相手の動き，視線，呼吸，身体同士が触れあう場合は皮膚感覚などを全身で感じているのです。このように，踊り手同士が共に舞踊を生み出しているとき，踊り手はつねに五感を研ぎ澄まして「場」の情報を全身で受けとっているのであり，「場」に調和した動きをリアルタイムに判断していくことで，踊り手同士の自他非分離的コミュニケーションが達成されます。

　そして，踊り手同士が同調し，互いに引き込みあうように踊るとき，そこにはエントレインメントが生まれるのです。

③ 観る——踊り手と観客のコミュニケーション

　調和した舞踊は，「場」そのものに溶け込み，観客もまたその「場」に包まれていく感覚をもつかもしれません。その時その「場」を満たしている舞踊に全身で集中している観客には，無意識のうちに踊り手の身体と自分の身体との間に同調が起こっていることもあるでしょう。このとき，踊り手と観客の間の自他非分離的な関わりが生まれているとみることができます。

　素晴らしい舞踊を観たとき，観客は客席から身を乗り出したり，いつの間に

84

かまばたきを忘れ、息をのんで見入っていたり、足が自然とリズミカルに動いていたりということがあります。このとき観客は少なからず目の前の踊り手に同調し、引き込まれている状態にあります。

　踊り手の側からはどのように見えるでしょうか。舞台上から見た客席は、全体が1つの「場」としてその瞬間ごとの雰囲気をもち、踊り手は今日のお客は温かった、刺すような視線に緊張したなど、踊りながら観客席の雰囲気をからだで感じとっています。

　もし、観客が踊り手に引き込まれ、舞台上へ集中しているとすれば、舞台上でも観客からの熱い視線を感じることができますし、踊り手はより観客との同調をめざそうと、「場」全体を意識しようとします。つまり、観客が踊り手に集中し同調しているとき、踊り手もまたそうした客席の状態をからだで感じているのです。踊り手と観客は舞台と客席という切り離された空間にいるのではなく、劇場という1つの大きな場で舞踊を介した身体的コミュニケーションを行っているといえるでしょう。踊り手と観客が自他非分離的に引き込みあって、エントレインメントが生じているとき、劇場全体が1つの生命体のように、生き生きとした「場」を生み出しています。

（5）身体表現の指導の場とコミュニケーション

　教育現場などで身体表現活動が行われるときには、参加者同士の間、指導者と参加者の間にコミュニケーションが生じています。たとえば、保育者と子どもが身体表現活動を行うとき、保育者の言葉かけや動きによって子どもの生き生きとした動きが生み出されます（第6章参照）。これは、保育者が動きを引き出しているだけではなく、子どもの反応によって保育者の次の言葉や動きが生まれ、そして子どもがそれを受けて新たに動きを生み出していく、という引き込みあいが起こっているのであり、このとき保育者と子どもの間にエントレインメントが生じているのです。また、子ども同士も互いに影響しあう中で、新しい動きが生まれることがよくあります。教育現場における身体表現活動においても、周りの人の動き、呼吸や表情、言葉、声の大きさや高さを感じること

第Ⅰ部　身体表現の力を理解するために

で，自他非分離的なコミュニケーションが起こり，エントレインメントを通して新たな動きが生まれていくのです。

このように，身体表現における人との関わりはすべて身体的コミュニケーションであり，エントレインメントが生じる可能性をもっています。場の理論からみた身体表現のエントレインメントとは，創造的な動きを生み出し，受けとることを通してお互いに引き込み合い，そこから新たな表現が創造されることを意味しています。踊る，創る，観るという活動すべてにおいて，身体同士の引き込みあいが起こりうるのです。

エントレインメントを体験することは，人と人とがまるごとのからだを投じてお互いの存在を認めあうことへ通じています。生き生きとした身体表現の活動の中で誰かと自他非分離的に関わり，引き込みあうという体験は，コミュニケーションをより深いものにしてくれるのです。

5　身体表現の意義

舞踊のコミュニケーションの特性や諸相，またそれらのコミュニケーションがどのように起こっているのかをみてきました。その結果，コミュニケーションとしての舞踊がもつ意義の多くは自ら創って表現する身体表現という営みの比重が大きいことがわかります。

そこで，本章の冒頭で述べたように第4章のまとめは舞踊の意義としてではなく，身体表現の意義として論じていくことにします。

1）人間存在を投じたダイナミックなコミュニケーション

身体表現の第1の意義は「人間存在を投じたダイナミックなコミュニケーション」にあり，これは現代人に欠如した生命の自覚（人間は一人ひとりかけがえのない存在である）を促します。そしてこのコミュニケーションのプロセスには身体表現の様々な意義が含まれています。そこで，それらの意義を順にみていくことにします。

第4章　コミュニケーションとしての舞踊

２）自己の身体の認識

自己の身体の認識は，素材が身体であるということから生じる意義です。身体表現活動の中での様々な身体の姿勢や動きを通して，自分の身体がどのような格好ができ，またどのように動けるのか，そして，そのような格好や動きをすると，それが自分にはどのように感じられるのかを体感し，身体の動きと心の動きの関係に気づくようになります。このような活動の積み重ねが，自分自身の現実的なボディ・イメージをもつことにつながっています。

３）自己理解と自己実現

身体表現活動において，自らのまるごとのからだを投じて，無意識界を旅し，そのイメージを動きにまとめあげる創作活動を通して，意識の中心である自我は全人格の中心である自己の一側面をシンボルというかたちで把握（意識化）することによって，自我を拡充します。そこでは今まで知らなかった「私」，新しい「私」との出会いがあり，自己理解が深まることになります。そしてそのことが，自分の能力や可能性の広がりに気づかせ，「自分はこうもできるかもしれない。ああもできるかもしれない。こんなことをしてみたい」というように自己実現に向けての道に広がりをもたらします。自分の能力や可能性を十分に発揮できたと自覚したときや，他者から自分の存在自体や能力を評価されたときに得られる精神的な充足感こそ，自己実現できたときの意識状態であり，このような充足感はまた，自己理解へとつながっていきます。

４）他者理解と共同体意識

身体表現活動を共に行うことで，お互いの自我が拡充され，ふだんのコミュニケーションでは触れることのできなかった他者のそれまでとは違う面に出会うことができ，自己理解と同時に他者理解が深まることになります。そこでは，また，脈拍や呼吸，筋の緊張と弛緩，行動と休息というように生得的にリズムを内包している人間の身体によるコミュニケーションが共同体意識を高めます。リズムには物理的エネルギーと心的エネルギーの動きがあり，生命力があります。このリズムは１人の人間の生命のリズムそのものであり，その人の生を保証すると同時に，自己から他者に向かう生命の流れでもあります。共同での創

87

作において，共同で動きを探究し，作品を創りあげていく過程は，お互いの生命のリズムに触れてそのリズムそのものを感じ，そのリズムをわかりあう，換言すれば，その人の内的世界に触れる過程そのものであるといえます。

5）動きによる自己開示

身体表現は，たとえば絵画・彫刻といった表現行動と異なり，創作過程においても，その結果である作品を発表するにしても，身体そのものを投じて，自分自身を外に解き放たなければなりません。それは，他者の前に身体のみならず，その人となりをもさらすことでもあり，創作活動においては，お互いが赤裸々に自分自身を出すことができればできるほど，自己理解も他者理解も深まります。そして，踊るという行為においても，他者の様々なまなざしから逃げることなく，自分自身をさらけ出す，このような動きによる自己開示は，自我を拡充し，自分自身をできるだけ発展させたいという人間の欲求を満たすために必要な人間の社会化の過程だけでなく，個性化の過程においても，重要な役割を果たしています。

6）カタルシス

自らの身体に汗して踊り，リズムに共振し，身体の緊張のほぐれと同時に心もほぐれ，他者との同調を体験する中で相互の親和の感情が高まっていきます。身体表現は，全身運動であり，多くのエネルギーを消費するわけですが，そのエネルギーの放出と同時に，日頃心の中に溜まっていた抑圧や緊張といったような感情も解放し，まるごとのからだを浄化します。

7）マルチ・メディアの表現

身体表現には，音響をともなわないものもありますが，それは少数で，ほとんどの身体表現は様々な音や音楽をともない，またいろいろなデザインや色の衣装，さらには多種多様な照明や装置などが生み出す変幻自在な空間で踊られています。身体表現においては，動く身体を核に，このように様々なメディアも統合されてそこにダイナミック・イメージが出現します。マルチ・メディアの表現である身体表現は，踊り手の，また観る者の様々な感覚に直接訴えかけ，踊り手と観る者の心を複合的にゆさぶり，それが共振することによって，人間

と人間の緊密な身体的・感性的つながりをもたらす大きな役割を担っています。

*

　以上のように「人間存在を投じたダイナミックなコミュニケーション」を原点に，身体表現の意義は，精神性，身体性，社会性といった多様な側面にあることがわかります。すべての意義がつねに同じように作用しているのではなく，身体表現をする人々のその時々の目的に応じて，作用する意義にプライオリティが生じることを私たちは経験的に知っています。この体験に基づく臨床の知があるからこそ指導者は，今，自分が一緒に身体表現の活動をしようとしている人には何を目的としたらよいのか，それを目的とするならどのような内容と方法で向きあえばよいのかを，上述の意義を念頭において考えることができるのです。

　注
　⑴　「観る」は，身体表現（舞踊）の特徴や美しさや趣を味わい楽しむという見方に重点をあてた活動を意味します。
　⑵　非意図的誤調律の実例を１つあげておきましょう。雨降りの表現で，保育者が「ポツ，ポツ，ポツ！」という言葉かけをしていたときに，子どもたちは「ポツ」のタイミングで思い切り跳び上がってジャンプしようとしていましたが，保育者の言葉かけが，子どもたちがジャンプするには速すぎるテンポになっているときがありました。その時，子どもたちは，保育者の言葉かけのリズムでジャンプするのではなく，自らのリズムでジャンプしたり，あるいは言葉かけに合わせるために高いジャンプではなくケンケンパのように片足で速いテンポに対応した動きで雨降りを表現していました。このように，保育者と子どもの意図しないズレによって，保育者も予想しなかった新たな動きが生まれてくる，これが，身体表現の指導の場でよく起こる非意図的誤調律にあたる保育者と子どもの関係です。

第Ⅱ部

実践にみる身体表現の力

臨床舞踊学は，人と人，身体と身体が出会い経験が交わる現場で展開する舞踊現象を解釈し意味づけを行うものであることは本書の冒頭で述べた通りです。したがって，第Ⅰ部で示した理論が命を得るのは，やはり実践の場です。実践に基づいて舞踊の内部から紡ぎだされた臨床舞踊理論が，再び実践の場で体現され，実践者（この場合は活動を実施する側も参加する側も両方を指しています）が主観的・共感的に身体表現の力を実感できたとき，その理論は実践者にとって臨床の知として確立するのです。

　そこで，第Ⅱ部では，本書の核ともいうべき実践に基づく身体表現の力を確かめるために，筆者らが精神病院，デイケア，教育機関で実践してきた身体表現に関わる活動を取りあげ，その実践の中に現れた身体表現の力を，それぞれの実態に即して生の言葉で捉えていきます。その際，それぞれの実践の中に現れる身体表現の力を同じような形で捉えることができればいいのですが，対象者の年齢，背景も異なるのでそのようにはいきません。したがって，それぞれの実践に応じて児童，学生，保護者，指導者の言葉，あるいは，患者さん，利用者さん，医師やスタッフの言葉などを取りあげています。

　なお，現場での身体表現に関わる活動では様々な名称が使われており，ここで取りあげる実践の名称も各機関で様々です。いずれの活動も第Ⅰ部でみてきた身体表現の特性や意義，および舞踊教育の理念を共有する指導者によるものであり，各機関での活動は呼称の相違にかかわらず，自分の内面を表現することに焦点をあてた実践を意味しています。

　それと同時に，指導方法と内容についても，対象に応じて異なる点はあるもののその根幹は同じです。したがって，必ずしもすべての章で指導のポイントなどを取りあげてはいません。それまでの章に出てきた指導方法，内容，ポイントなどは，対象者に合わせてそれ以降の章の指導においても活用しています。

第5章

精神病院・デイケアでのダンスセラピー

1　本来的にセラピューティックな機能をもつ舞踊

（1）ダンスセラピーの原初的な姿

　第2章の「舞踊と人間の関わり」でみてきたように，舞踊はその起源におい
ては，生活と密接に関連し，実用的な機能をもっていました。収穫や狩猟や戦
いの前に，また，誕生，通過儀礼，死といった過渡期などの人生の重要な時期
には，その場に参加した人々は，共通のリズムで一緒に踊ることを通して，祈
り，恐れ，悲しみ，喜びなどを表現し，感情や情緒を分かち合いました。また，
呪術舞踊，宗教舞踊，治療舞踊などでは，自然現象や病気など人間の力の及ば
ない出来事に対して神へ祈り，神の力にすがるために踊りました。

　病気の回復を願う治療舞踊には，病人本人が踊るものと，病人を円の中央に
置きその回りでシャーマンや占い師がリードして病人以外の人が踊ることによ
って病魔を追い払うというものがありますが，ザックス（Sachs, C.）は，病人
を癒すことを主目的とする発作的な踊りは，シャーマニズムから生まれたエク
スタティックな踊りであるといっています（ザックス，1932；小倉，1972）。非日
常という閉じられた時間と空間の中でリズミカルな動きを反復することによっ
て，人々をトランス状態に引き込み，超絶的なエクスタシーをもたらし，少な
くとも，その一時，人々を世俗的な不安や矛盾から解放し，欲求不満から自由
にする儀式舞踊は，原始の時代から重要な役割を演じてきました。歓喜の中で
緊張を解きほぐし，身体的あるいは精神的に不安定で不健康な状態から安定し
た健康な状態に変える舞踊の姿は，中世のダンスマカーブルに，また，現代に

93

第Ⅱ部　実践にみる身体表現の力

おいてもバリ島やアフリカなどで見ることができます。

　舞踊は，このようにその起源からエクスタシーをもたらすコミュニケーティブで表現的な活動であり，それは情動の解放，そして浄化作用（カタルシス）と結びついた活動であることが知られています。舞踊のこのような特質は，あらゆる時代に祭りや治療の場などで必要とされた機能でもあり，その機能はそのまま現代におけるダンスセラピーの基本的な原理として生きています。

（2）心理療法としてのダンスセラピー

　近代において舞踊の教育的・治療的価値を見出したのは，第2章でみた舞踊家であり舞踊の理論家であったルドルフ・ラバンですが，1930年代にはラバンの舞踊理論がアメリカに広がりはじめ発展していきました。

　現代のダンスセラピーは，アメリカのダンスセラピーのパイオニアとされるマリアン・チェイス（Chase, M.）のダンススタジオに通う患者さんの観察からダンスに関心を抱いた精神科医がエリザベート病院にチェイスを招き，チェイスが「コミュニケーションのためのダンス（dance for communication）」という名称で入院患者を対象にダンスの指導を開始した1940年代に始まったとされています。チェイスに続いて，様々な背景をもつダンスセラピストたちが舞踊教育学の先駆者であるドゥブラー（H'Doubler, M. N.）の創造的芸術経験としての舞踊理論や，ユング，アドラー（Adler, A.），マズローなどの心理学理論を取り入れるなどして独自のセッションを展開していきました。そして1966年にはアメリカダンスセラピー協会（American Dance Therapy Association: ADTA）が設立され，チェイスが初代会長に就任して会員の学習や情報交換に力を入れ，また後輩の育成に力を注ぎ，現在に至っています。日本においても1992年に日本ダンス・セラピー協会が設立され，ダンスセラピストの資格認定も行っています。

　ADTA では，ダンスセラピーを次のように定義しています。

　　「Dance/movement therapy （DMT） is defined by the American Dance

Therapy Association（ADTA）as the psychotherapeutic use of movement to promote emotional, social, cognitive, and physical integration of the individual」（https://adta.org/）

「ダンスムーブメントセラピーとは個人の情緒，社会性，認識，身体の統合を促進するために運動を心理療法として使う」

　このように ADTA ではダンスセラピーを心理療法として位置づけ，イギリスでは2007年にダンスセラピーからダンス・ムーブメント・サイコセラピーと呼称を変更し，ADTA 同様に，心理療法であることを明確にしました。

　心理療法とは何かについては，様々な学派の理論，治療方法や治療対象があり，明確に表現することは難しいのですが，病気であれ，あるいはいわゆる病気と呼ばれる範疇には属さない問題であれ，主として心理的な問題を抱えている人に，専門的知識・技術を有する心理療法の専門家が心理的手段を媒介にして治療し，参加者の症状を軽減していく過程といえましょう。

（3）創造的自己表現を核としたダンスセラピー

　もちろん，心理療法の専門家が，ダンスを手段とした心理療法で参加者の治療にあたり，大いに効果があがることも期待されます。

　それと同時に，これまでみてきたようにダンス自身にセラピューティックな機能があり，ダンスの特性を十分に発揮したまるごとのからだでのダンスの活動は，心に問題を抱えた人も，そうでない人に対しても，日頃の様々な心身へのストレスを軽減し，心身の健康の回復，維持，増進に関わり，生き生きしたまるごとのからだを取り戻すことにつながっていくことも事実です。

　筆者は，精神病院入院中の患者さんや，デイケアの利用者さんと共に行うダンスの活動をダンスセラピーと呼んでいます。舞踊学・舞踊教育学が専門である筆者は，当初からこの活動を心理療法として実践しているのではなく，「ダンス・フォー・オール（dance for all）」という立場に立ち，できるだけいろいろな人々に，ダンスの特性を十分に生かしたまるごとのからだでのダンスの活動を体験し，ダンスを楽しむ中で何か変わっていく自分や今まで知らなかった

第Ⅱ部　実践にみる身体表現の力

自分に気づいてほしいという動機に基づいて活動しています。病院やデイケアでの活動に対する名称はダンスセラピーとしていますが，ダンスを療法の手段とするのではなく，ダンス（創造的自己表現に主眼を置いたダンス）の活動自身が目的です。患者さんや利用者さんがダンスを踊り，創造的に自己を表現すること自体を楽しめる活動を展開できれば，達成感や自己肯定感を得ることができ，それが「自己実現」につながっていくであろうというのが基本的な考えです。

（4）ダンスセラピーの目的

　ダンスセラピーの究極の目標は，すべての人に共通する人生の目標である「自己実現」であると考えますが，参加者ごとにこの目標に向かっての具体的でより身近な目的は異なります。たとえば，高齢にともない動きにくくなったからだに不自由を感じる人には「動きに滑らかさをもたらすこと」が，心身に機能障害や機能低下を抱えた人にとっては「症状の緩和や機能の低下を少しでも食い止めること」が，自己同一性の感覚を失った，あるいは希薄である人には「身体感覚と身体感情を回復すること」が，また，対人関係がうまくいかない人には「対人関係のためのスキルを身につけること」が，それぞれの人にとってのダンスセラピーの身近な目的となります。このような具体的な目的を掲げ，その目的を1つずつ果たしていくプロセスそのものも，自己実現のプロセスなのです。

　そして，障害や病気，あるいは機能低下のために，その人本来の日常生活を送ることができなかったり，様々な制約を受けている状況にある場合，ダンスセラピーへの参加は，その人がその人らしく生きるために，生活にリズムや潤いをもたらし，生活の質（quality of life: QOL）を改善していくことが目的となります。

　ダンスセラピーがこのような目的をあげることができるのは，1つには，身体の動きは人間の内的状態を反映し，そして身体の動きの変化は，それと連合した心理的な変化を導くので，舞踊における心身の統合の経験が「まるごとの自分」という感覚を回復し，豊かさをもたらすという舞踊の特性によります。

またもう1つには，心身を投じたダンスを通しての他者との交流は，孤立感を弱め，他者との関係を築きやすくするという特性によります。

2　舞踊教育からダンスセラピーへ
――創造的自己表現を核としたダンスセラピー

（1）舞踊をすべての人のために

　筆者は，舞踊教育の実践と研究を通して舞踊のもつ本質的な力を第4章第5節のように捉え，さらなる実践と研究に強く魅かれるようになりました。舞踊の第一の意義が「人間存在を投じたダイナミックなコミュニケーション」にあるならば，「舞踊はすべての人のものであるということになる」と再認識し，舞踊の実践活動を教育機関以外でも展開すると共に，その意義を実証したいと考えるようになっていきました。

　小学校低学年の頃からモダンダンスを習い，舞踊学・舞踊教育学を専門とする筆者は，実際に幼児から大学生，一般の人々を対象に表現運動や創作ダンスの指導をする中でいろいろな出会いがありました。特に幼稚園で，自閉の傾向にある子どもが私との動きの表現の時間には他の子どもたちと一緒に活動するようになったことや，ふだんは吃るのに，動きの表現を指導する私と話すときには吃らない子どもとの出会いなどが強く印象に残ったのです。そこからダンスによって心身共に健康である人はいうまでもなく心身に何らかの問題を抱えた人でも，今在る，自分自身のからだで自分自身を表現することができ，またそうしたことが達成感や充実感を抱かせ，自己肯定感を高めていくであろうという半ば確信ともいうべきものをもちました。そこで，まだ出会ったことのない，精神に病をもつ人々とダンスをしたいと考え，1986年にロンドンにあるラバンセンター（現在はトリニティ・ラバン）でダンスセラピーのサマーセッションを受講し，さらに，その思いを強くしました。

第Ⅱ部　実践にみる身体表現の力

（2）精神病院，そしてデイケアでのダンスセラピー開始

　そのような折に，日中平和友好十周年記念・国際シンポジウム（1988年11月）で，「薬物療法や精神療法のみならず，芸術療法や身体運動なども積極的に取り入れ，参加者の未知の可能性を引き出してゆくことが，参加者のQOLにつながるのではないか」という考えをもつ東京女子医科大学神経精神科の田中朱美教授（現在は名誉教授）との出会いがありました。舞踊教育の経験から，精神病院に入院中の患者さんに対しても，舞踊教育と同様にリズムへの酔いを根底におきつつ創造的自己表現という側面に主眼をおいて，患者さんの健康で未開発な部分に働きかけることにより眠っている力を目覚めさせ，その力を感じさせることによって生きているという実感をもつことのできるようなダンスセラピーを行いたいと考えていた筆者は，田中教授と共に，茨城県にある東京女子医科大学の関連病院に入院中の患者さんにダンスセラピーを始めることになりました。

　初めて出会う患者さんとのダンスセラピーのセッションに向けて，それまでの幼児から大学生への指導実践と舞踊（舞踊教育）研究に基づいて，指導の原理やセッションの構成を理論的に構築し，実践開始の日を迎えました。初日から筆者の言葉かけや音楽に自然に反応し踊る患者さんの姿に，ここで患者さんと共に踊り，患者さんが自己を表現する場を生み出していけるという期待をもつことができ，それ以来，四半世紀にわたってセッションは続いています。

　そして，精神病院でダンスセラピーを開始後，およそ20年を経た頃に，筆者のダンスセラピーに関心を示されたデイケアで，ダンスの活動を始めることになりました。デイケアでの活動は，椅子に座った状態で行うことになりましたが，すでに精神病院での活動において，参加者の年齢や症状に応じて椅子に座った状態での活動も実践していましたので，そのことが特に課題となることもなく，スムーズにデイケアでの活動を始めることができました。

（3）舞踊教育とダンスセラピー

　患者さんや利用者さんとのダンスセラピーは，指導内容と方法には対象に応じた工夫はもちろん必要ですが，原理的には教育現場での実践と同じであると考え，舞踊教育からダンスセラピーへと活動の場を広げました。患者さんの身体表現にはガラスのように鋭く繊細な感性が感じられるものもあり，そこにはいうなれば，ピュアな形でダンスの力が現れ，指導者である筆者自身もピュアになり，その場に引き込まれる時間で，ダンスセラピーのセッションは身体表現の力を筆者にあらためて感じさせるものでした。

　この後の節では，ダンスセラピー実践にあたって，それまでの教育現場における実践に基づき理論的に構築した指導の原理，セッションの構成を解説し，その後に，精神病院とデイケアでのダンスセラピーの実践事例に，身体表現の力をみていきます。舞踊教育の実践と研究から生み出したダンスセラピー指導の原理やセッション構成は，このような患者さんとのピュアな身体表現の活動の中で磨かれた舞踊教育の理論でもあります。

3　ダンスセラピー実践の原理

　筆者自身の舞踊創作活動や舞踊教育の指導をベースにした研究から，ダンスセラピー実践の原理として，「運動─呼吸─感情の連合」「凍った身体感覚と身体感情の解凍」「共感」の３つを導き出しました。これら３つの原理は，実際の活動の中で，通奏底音のように一貫して流れています。

（1）運動─呼吸─感情の連合

　ダンスセラピーの根本的な原理は，「運動─呼吸─感情の連合」にあります。この連合は，私たちが日常生活の中でよく体験しているもので，それを原理として意識的に活用していきます。このようにダンスセラピーの原理は特別のものではなく，ふだん意識していないこれら３つの連合を意識するというもので

第Ⅱ部　実践にみる身体表現の力

す。まるごとのからだで営んでいる日常生活と，まるごとのからだでの表現は
1つの連続体をなすもので，そこには日常生活からダンスへ，ダンスから日常
生活へと相互作用がみられます。

①　日常生活にみる運動─呼吸─感情の連合

　日常生活の中で，私たちは，試験や試合の前などのように緊張しているとき
はその緊張をほぐすために，深呼吸をし，運動の場面においても，たとえば，
短距離走のスタートラインについて「用意」の合図で腰を上げ静止するときに
は呼吸も止め，ダンスでは，一般に伸び上がるときは吸いながら，縮むときは
吐きながら踊りというように，それぞれの運動にふさわしい呼吸法があります。
そして，速く浅い呼吸での動きは興奮やストレスというような表現傾向を，穏
やかでゆっくりした呼吸での動きは落ち着きというような表現傾向にあり，ま
た，動きと呼吸が調和している場合はよどみのないしなやかさを，逆に不調和
な場合は不自然な感じを与えるでしょう。また，私たちはいらいらすると蹴飛
ばしたり叩いたりしたくなりますし，無気力になると何もせずに丸まったまま
じっとしていたくなるというようなことが起こります。

　緊密な関係にある運動と呼吸と感情は，そのいずれかの面がうまく機能しな
い場合には，それ以外の面に働きかけることによって，うまく機能していない
面を刺激することができます。

②　踊ること──運動─呼吸─感情の相互作用

　踊ることは，運動という身体的作用，呼吸という生理的作用，感情という心
理的作用が，相互に関連し，お互いに一定の関係を保ちながら作用しあう活動
です。一定の関係のうち，ここでは，運動と感情の関係が明確です。ダンスセ
ラピーでよく行う動きを紹介しましょう。たとえば，弾むようなリズムでの両
膝の屈伸は，たとえはじめのうちは，しかめ面をしていても，バウンドをして
いるうちに頬の緊張が緩んで笑顔が生まれ何だか楽しくなってきます。また，
ゆっくりしたリズムで息を吸いながら横に広げた両腕を斜め上まであげ，息を
吐きながらその両腕を体側まで降ろすという動き（鳥と命名：写真5-1）を反
復していると，ゆったりと気持ちよくなってきます。そこで，筆者らのセッシ

ョンでは、まず、軽快な曲をかけてバウンドの入った動きからセッションを開始します。具体的には筆者がつくったバウンドの入った動きをミッキーマウスマーチに乗って踊ります。参加者はほんの少し膝を曲げるバウンドから、次第に深くバウンドし全身の動きも大きくなって笑顔になり、そのからだからはエネルギーが感じられるようになります。そして、セッションの最後にはメロディーの美しい緩やかな曲をかけて、呼吸を意識しながら「鳥」の動きを反復し、心身をゆったりさせて活動を終わります。ミッキーマウスと鳥は、病院でもデイケア

写真5-1 鳥

でもみなさんに大変好まれており、参加者のみなさんには、ミッキーマウスや鳥の動きをすると元気が出るしゆったりするから、ダンスセラピーのときだけでなく時々やってみましょうと話し、中には鳥の動きを寝る前にやっているという方もいます。

　日常生活においても重要な運動と呼吸と感情の関連を、ダンスセラピーの第1の原理として十分に理解し活用することが、参加者の鈍った身体感覚や身体感情を呼び覚ますコツであり、身体感覚と身体感情の回復が、ダンスセラピーの究極の目標である自己実現に向けての第一歩です。

（2）凍った身体感覚と身体感情の解凍

① からだを揺さぶって心を揺り動かす

　身体感覚と身体感情を回復するための原理は、身体から心への働きかけです。何となく元気のない人や精神を病んでいる人には、直接的にその人の心に働きかけようとするよりは、「運動―呼吸―感情の連合」の原理を活用して、その人のからだに働きかけることが有効です。つまり、心身に動きのない人に対し

ては，その人のからだを揺さぶって，心を揺り動かすのです。からだを揺さぶるとは，参加者が質の違ったいろいろな動きを体験できるようにすることです。動きの質が異なれば，その動きを踊ることによって感じられる感情も異なるので，いろいろな質の動きの体験がそのままいろいろな質の感情を体験することにつながります。

②　質の異なる動きの体験と多様な感情の体感

　ダンスセラピーに参加するどのような参加者でも，まったく動きがないということはありませんが，動きの種類が少なく，まるごとのからだが縮こまっていて動き方も小さいという傾向があります。そこで，ダンスセラピーでは，まず参加者が日常している動きを大きく伸び伸びと行うこと（例：大股で両腕を大きく振って歩く），次いで日常とはまったく反対の動き（例：反るように天井を見る）や日常生活の中では出てこない動き（例：全身を捻る，回る）をいろいろ行うことによって，日常生活では感じられなかった感情も体感することができるように指導していきます。

　様々な質の異なる動きの体験を通して得られる多様な感情の体感は，凍った身体感覚と身体感情を融かす力となり，縮こまったまるごとのからだが次第にやわらかく拓かれ，生命感が感じられる生き生きしたからだへと変容していきます。

（3）共　感

①　共感の過程

　第4章でみたように，感性的コミュニケーションである舞踊には，お互いの気持ちのつながりや，情緒的経験の共有という特性があります。ダンスセラピーのセッションの参加者と指導者，見学者が，同じ時空間の中で身体的・情緒的経験を共有し，気持ちを分かちあうためには，指導者は，まず，すべての参加者がお互いに自分自身をさらけ出せる場と状況をつくり出さなければなりません。参加者が，ここは安全な場であり，自分が何をしても受け入れられ，認められる場であると感じられるようにすることが必要です。そのために指導者

に必要となるのは，参加者 A さんが感じているだろうこと，考えているだろうと思われることを指導者自身の中に移しかえ，A さんの内的世界と似た世界を自らの中につくり出していく態度であって，セッションの時間を通じてこの共感的態度を貫くことが大切です。心理学者の澤田は共感の過程についてバレット＝レナード（Barrett-Lennard, G. T.）の5段階サイクルを紹介し，実際のカウンセリング場面の各段階でカウンセラーに要請される課題を考察しています（澤田，1992）。

1．共感する側が共感される側に注目する
2．共感する側が相手に共鳴し，相手の経験について知る（共感共鳴）
3．共感する側が相手にその気づきを知らせる（表出された共感）
4．相手は自分が理解されているという意識をもつ（受け取られた共感）
5．相手は共感する側にフィードバックを与えつつ，表現を続けていく
　　　　　　　⇒サイクルは2．に戻る。

② ダンスセラピーにおける共感

　このような共感の5段階サイクルの理論を援用すると，ダンスセラピーにおける共感は次のように考えられます。

　ダンスセラピーにおいては，指導者は参加者の顔の表情，身体表情，動きなどに注目してよく観察しています。そして参加者の動きのリズムパターンと表現するからだを指導者自身のまるごとのからだで感受し，そこから参加者の感情を感じとり，その感情を共有します。指導者は，参加者に参加者の感情を理解し共有していることを共に踊る中で動きで伝え，また必要に応じて言葉でも伝えます。すると参加者は踊って自分を表現することで自分が理解されていると感じ，さらに踊り続けることができます。このような5つの段階が循環反復される中で，指導者と参加者はより深い共感へと入っていきます。

第Ⅱ部　実践にみる身体表現の力

4　精神病院での実践

　筆者らのダンスセラピーの実践の場は，東京女子医科大学の関連医療機関で，茨城県稲敷市にあるみやざきホスピタルです。当ホスピタルでは開院当初から「手作りの温かな血の通う家庭的な」というコンセプトに沿って運動会・盆踊り大会・農作業などが行われ，作業療法・レクリエーション療法を重視し，ダンスセラピー・音楽療法・気功療法・写真・茶道など，いろいろな活動が行われています。

（1）セッションの構成と指導のポイント

　精神的に健康である人は，身体感覚・身体感情がきちっと働き，生き生きとしたからだで現実を感じとり，活動的に反応することができるのに対し，精神に疾患をもつ人の中には，身体感覚・身体感情に乏しく，そのからだから，なかなか生命力が感じられない人がいます。また病気とはいえないまでも精神的に弱っている人や活動量の少ない高齢者にもそのような傾向が見られることがあります。そこでダンスセラピーでは，そのような人々の生命力の感じられないからだに，動きと力を取り戻すことがまず第一に必要であり，からだを動かすことによって凍った感情を揺り動かしたいと考えました。

　実践に向けて，セラピーとしてのダンスの機能を，①心身の開放，②個人を創造的に表現する，③他人とのコミュニケーションをはかる，と捉え，これを軸として1回のセッション（60分）を5つのパートで構成しました（表5-1）。

　ここでは，病院でのセッションを取りあげ，セッションの内容と構成を説明していきます。デイケアでの活動もセッションの前半はほぼ同様に行われていますが，デイケアでのセッションの内容と構成については，デイケアでの実践のところで，あらためて説明することにします。

104

第5章　精神病院・デイケアでのダンスセラピー

表5-1　セッションの構成

Part	内　容　・　目　的　な　ど
I	○ミッキーマウス（筆者創作による）・心身のほぐし ○フォークダンス（筆者創作による） 　・ラポールを築く・からだに動きと力を取り戻す・身体感覚・身体感情を取り戻す
II	○身体の動かし方の探求 　・自分のからだがどんな格好や動きができるのか，またその時，どんな気持ちがするのか 　・運動と感情と呼吸の関係に気づく
III	○表現の課題（創造的自己表現）　本セッションの中心 　・毎回，異なる表現の課題を提示し，まずみんなでその課題で動き，その後，各自でからだを動かすことによって自分の中にわいてきたイメージと動きを結びつけ，自分のダンスを創る
IV	○個人発表（VTRに収録）
V	○活動のまとめ（患者さんが感想を述べ合う）

①　Part I．身心のほぐし，ラポールを築く

○ミッキーマウス

　背中を丸め，下を向き，足を引きずるように歩いてホールにやってきた患者さんのからだからは生気が感じられないことがたびたびあります。そのような患者さんのまるごとのからだをほぐすために，拍手とバウンドをともなう動きで創ったミッキーマウスをみんなでリズムに乗って踊ります。指導者と患者さんが向かいあって踊っているうちに，患者さんの頬が緩み，笑顔がでてきますが，これは心身がほぐれてきた兆候です。笑顔とともに，息もあがってきますが，普段，運動をしない患者さんには心地よいようです。

○円形でのフォークダンス

　心身がほぐれた後，筆者が作舞したフォークダンスを，すべてのメンバーがお互いに見える円形，連手でリズムに乗って踊ります。指導者が患者さんの名前を1人ずつ順番に呼び，名前を呼ばれた患者さんと指導者が円の中心に進み，円のまん中で一対一で手をつないで踊りながら，指導者は「元気でしたか」「今日の髪型は素敵ね」などとその患者さんに話しかけ，コミュニケーションをはかります（写真5-2）。

105

第Ⅱ部　実践にみる身体表現の力

写真5-2　円になってみんなでフォークダンス

　円という隊形は，すべてのメンバーがお互いを見ることができ，またみんなの手をつないでつくった閉じられた空間に包まれることで，患者さんは安心感を得ることができます。そして，その空間で，指導者と一対一で手をつないで踊ることによって，患者さんは「先生は私の先生」という親近感を抱き，指導者は患者さんの状態を知ることができます。

・フォークダンス①

　ちなみに，筆者が作舞したフォークダンスは2曲で，セッションでの1曲目は，フランスのフォークダンス "Jibidi Jibida（ジビディ・ジビダ）" を使い，①左右に8呼間ずつ歩く，②その場で手を叩きながらバウンド（16呼間），②のとき，指導者に呼ばれた患者さんは円のまん中へ出ていき指導者と両手をつないで歩きながら回る，というものです。ここでの動きは，歩くことと，膝をバウンドしながら手を叩くという簡単な動きですが，前述のようにからだをリズミカルに上下動すると，内面も揺り動かされ，自然に顔がほころんできます。

・フォークダンス②

　2曲目は，ドイツのフォークダンス "Come Let Us Be Joyful（カム・レット・アス・ビー・ジョイフル）" を使い，①左右に8呼間ずつステップ，②では指導者に名前を呼ばれた患者さんは円のまん中へ出ていき，指導者と両手をつないで "♩ ♪ ♩ ♪ ♩ ♩ ♩ ♪" というリズムに乗って引っぱりっこをします。このとき，他の患者さんは，まん中の患者さんを応援するようにその場で「ズ

106

ドン・ズドン・ズドン」と声を出しながらバウンドと共に腕を交互に振りおろ
します。この引っぱりっこは，患者さんがリズムに合わせて思いきり指導者を
引っ張ることで，ふだん，自分のからだの力を発揮することのない患者さんに
それを実感してほしいと願って創ったものです。回を重ねていくにつれて患者
さんの力の出し方が変化してくることが，指導者に明確に感じられるようにな
ります。つまり，「最初は力を出せない患者さんの両手を指導者がリズミカル
に動かす⇒患者さんの両手に力が入ってくる⇒全身で引っぱれるようになる⇒
指導者を負かそうと一生懸命引っぱる⇒指導者が負けそうになると『先生，み
んなとして疲れているでしょ』と言いながら力を加減する」，などの段階があ
り，ダンスを楽しむ中で，ふだん出したことのない自分の力を実感し，また相
手を思いやることができるようになります。患者さんのからだに，動きと力を
取り戻すということは，身体感覚・身体感情を取り戻すということにつながり
ます。

　このように Part Ⅰ. ではミッキーマウスやフォークダンスを踊ることによ
って，鎧を着たような患者さんの心身をほぐし，指導者と患者さん一人ひとり
とのラポールを築くことが目的です。

②　Part Ⅱ. 動きの探究

　ここでは，からだのいろいろな動かし方の探究を通して，自分のからだがど
んな格好ができ，どんな動きができるのか，またその時，どんな気持ちがする
のか，ということを患者さんに体感してほしいと考えています（写真5-3）。
いろいろな動きの探求ですから，指導者が課題とする動きは毎回異なります
（例：〈回る・回す〉〈投げる―掴む〉〈開く―閉じる〉）。まず，患者さんは指導者の
動きにあわせて一緒に踊り，次に，患者さんが1人ずつ順番に自分で考えた動
きを出し，みんなでその人の動きをまねて踊ります。続いて1人ずつばらばら
になり，曲をかけて，各人が自由に踊ります。この間，指導者は，患者さんの
間を移動しながら，一人ひとりの患者さんの踊りを見てまわり，必要に応じて
患者さんと一緒に踊り，動きによる直接的なコミュニケーションをはかります。
たとえば，縮こまったからだで踊っている患者さんをみつけた場合は，その患

第Ⅱ部 実践にみる身体表現の力

写真5-3 動きの探究〈伸びる―縮む―回る〉

者さんと向かいあって立ち，患者さんの動きを映し出すミラーリングを行います。このとき，指導者は患者さんの動きの通りに踊るわけではなく，患者さんの動きを尊重しつつ，患者さんの動きの小ささに対してはより大きく動き，中途半端な動きに対してはめりはりをきかせて指導者が踊ると，患者さんは指導者のその動き方に反応して元の動きより大きく明確な動きで踊るようになります。一緒に踊りながら「○○さんの考えた動きは素敵ね。気持ちがいい」というような賞賛も大切です。踊る自分の姿は見えないので，患者さんは，指導者の修正した動きは自分自身が考えた動きであると思い，その動きをほめられることによって，自分が動きを考えることができる，創ることができると感じ，次第に自信をもって積極的に表現するようになります。

　このような動きの探究では，特に，運動と感情と呼吸の関係に気づかせるために，呼吸法を使って動くことを意識させるような指導が必要です。

　動きの探求の後，小休止を兼ねて，運動と感情と呼吸，この3つの関係についての気づきを促すために，前述の「鳥」をイメージして，腕をあげるときはゆっくり息を吸い，下げるときには息を吐くというように呼吸を意識しながら動くことを求めます。こうすることによって，ふだん，呼吸の浅い患者さんは，深い呼吸で動く事の気持ち良さを知るようになると同時に，余分な力が抜けた流れるような動きになっていきます。

③ Part Ⅲ．創造的自己表現

• 創造的自己表現の進め方

　このセッション部分は，筆者のダンスセラピーの中心となるパートであり，患者さんが，自ら創造的に自己表現することが目的です。毎回異なる表現の課題，たとえば〈風〉〈お料理〉〈ロボット〉〈雪〉などのイメージ課題，また〈伸びる─縮む〉〈押す─引く〉〈揺れる─回る〉などの舞踊運動課題を提示し，指導者の言葉かけで動きながら，患者さんはイメージと動きの連合を体感していきます。指導者は様々なリズムで，また様々な声の調子，大きさで，動きを表す動詞や擬音語・擬態語を用いて，患者さんから動きやイメージを引き出します。その後，その課題をやってみて，どんなイメージがわいたか，患者さん１人ずつに聞き，患者さんは簡単な言葉で自分のイメージを表現します。これは，からだを動かすことによって，自分の中にわいてきたものを明確にし，イメージと動きを結びつけることが目的です。その後，各自が自分の好きなイメージでのダンスを創ります。個人で創作している間，指導者はそれぞれの患者さんがどのようなイメージで，またどのような動きで表現しようとしているのかを観察しながら患者さんの間を回り，患者さんの動きが止まっていたり，曖昧な場合は，患者さんと一緒に動く「動きの対話」を通して患者さんの内面を感じとり，患者さんのイメージにふさわしい動きを引き出していきます。このような指導者との動きの対話を通して患者さんは，指導者に対する信頼感を深め，自分が受け入れられていると感じることができます。

　患者さんは自分の感じたこと考えたことを，自分の動きで踊り，あるいは，感じつつ踊ることによって，こういったことの心地良さや，ふだん表に出すことのできない自分の内面を表現することの楽しさや喜びを味わうことができ，また，そのことによって，からだに生気が感じられるようになります。

• １人から２，３人での表現へ

　１人で踊ることを積み重ねていくうちに，他者と踊りたいという欲求が生まれ，２，３人でテーマについて簡単な相談（たとえば，どのように始めるか）をした後に踊り始めます。お互いの動きに沿って踊ったり，離れたり，即興的に

第Ⅱ部　実践にみる身体表現の力

からだで感じあって踊っているうちにその場が1つの雰囲気をもった空間となり，そこには，「まるごとのからだによるコミュニケーション」の成立をみることができます（112頁：写真5‐4参照）。

• 表現の課題の設定

表現の課題の指導にあたって，指導者が考えなければならない問題はいろいろありますが，課題の設定，言葉かけ，音楽の3つを中心的なものとしてあげることができます。このうち，言葉かけの問題については第6章で取りあげますのでここではごく簡単に説明します。

これまで患者さんと〈そよ風〉〈風に吹かれるヨット〉〈花火〉〈お天気模様（雨・台風）〉〈雪降り〉〈○○をつかむ（夢をつかむ）〉〈出会い〉〈夏の思い出〉〈宇宙旅行〉など，多くの課題を実践してきました。どんな動きでも，どのような事象でも表現の課題となりえますが，対象とする患者さんの状態を考慮しながら課題を設定します。指導者は患者さんのからだに表れている生気情動を感じとり，その患者さんにはどのような課題がふさわしいかを判断し，主に言葉かけによって患者さんのイメージや動きを引き出していきますが，ここで重要な役割を果たすのが第4章第3節でみた情動調律です。

課題の設定について，たとえば身体が緊張してこわばった患者さんに対しては，ゆっくり，深い呼吸での〈伸びる―縮む〉という舞踊運動を課題とすると，その課題を動くこと自身と，患者さんがその運動のパターンを反復・発展させていくことによって現われてくるイメージ（例：花の一生，波）と一体になっての動きを通して心身のこわばりが次第に弱まっていきます。これは舞踊運動課題からイメージへという方向ですが，逆にイメージを課題にする場合もあります。たとえば，患者さんのからだから無気力な状態を感じとった場合には，〈花火〉をイメージ課題に与え，それにふさわしい音楽を準備して音楽を流し，言葉かけをしながら，患者さんから動きを引き出していきます。爆発的な動きが予想される〈花火〉を課題とすることにより，爆発的な動きを通して患者さんは，日常感じることのない急変的な心身の動きを感じ，その感じは患者さんにわきあがる力を感じさせることができます。

110

このように，動き，あるいは，イメージのどちらを課題としても，その課題に取り組むプロセスで，まるごとのからだに生気を取り戻していきます。

指導者は，セッションの積み重ねの中で患者さんが様々な感情を体験できるように計画することが必要で，また，1回のセッション60分の中で質の異なる動きで多様なからだの動かし方に取り組み，そのことによって質の異なる感情を感じられるようにすることも大切です。

● 言葉かけ

2つ目の言葉かけの問題は，第6章で取りあげますが，イメージと運動を内包した擬音語・擬態語のようなすぐに動ける言葉を，声の大きさ，声の強弱，声の調子など発話に留意しながら活用することが効果的です。つまり，言葉かけにあたっては，患者さんの生気情動を感じとりつつ，多様な情動調律を行うことが肝心なのです。

● 音　楽

ダンスセラピーの場ではどのような音楽を使うかは大変重要な問題です。音楽療法の場合は，同質の原理に則って，患者さんの気分と同質の音楽でスタートし，必要に応じて，それとは異質の音楽をかけて異質へ誘導するようですが，ダンスセラピーでは，セッションのスタートは明るく生き生きした音楽を使うことによって，自然にからだが動き，心身のほぐしにつながります。そして，Part Ⅱ．の動きの探求や Part Ⅲ．の表現の課題のところでは，たとえば，「激しさ」を中心にするとしても，「激しさ」はその反対の「静かさ」があってはじめてその激しさが明確に浮かびあがってくるので，動きの対立的性質を引き出すのにふさわしい静・動の両面をもった音楽の活用が効果的です。人間の動きも感情も，相対立する性質が作用しあってこそ，その本来の性質を深く感じることができるのです。「苦しみ」を知らなければ，本当の「喜び」がわからないように。

④　Part Ⅳ．およびⅤ．──発表とまとめ

表現の課題に基づいて各自で創ったダンスを1人ずつ（2人組なら組毎に）発表して，それをビデオカメラで収録し，全員の発表後に，患者さんが感想を述

第Ⅱ部　実践にみる身体表現の力

写真5-4　創造的自己表現（舞踊運動課題〈伸びる―縮む〉から「星座」）

ぺあいます。各自が，課題そのもの，あるいは課題から広げたイメージを自分の動きで表現し（写真5-4），それをお互いにみせあうことによって，お互いの良さを認めあうことが目的です。自分で創り，あるいは仲間と感じあっての表現を発表することにより，自分のからだでの表現を見られる喜びと同時に，他の人の表現の個性を感じとるようになります。

　活動のまとめとして，患者さん全員が円になって座り，1人ずつセッションの感想を述べます。最初のうちは，ただ「楽しい」という感想でしたが，次第に何が楽しいのか，また，セッションの内容や指導者，次回の自分の目標についてなど，様々な観点から感想やそれにまつわる思い出も述べるようになってきます。ふだん，言語でのコミュニケーションも乏しい患者さんたちが，ダンスを通して，言語的なコミュニケーションも行うようになってきます。

　最後に，指導者は一人ひとりの患者さんの良い点をほめ，今度はどのような

ことをしたいか，どんな曲がいいかなど患者さんの希望を聞き，指導者自身も
患者さんと活動できてうれしかったことなどを述べて，次回へつなぐ気持ちを
膨らませてセッションを終わります。

（2）集団でのセッションと個人

①　集団でのセッション

　筆者らのセッションは集団で行っています。しかし，稀に他者とのコミュニ
ケーションが難しい患者さんや症状からみて他者と接触しない方がよい患者さ
んとは，指導者と一対一で行うこともあります。一対一では，その患者さん個
人のその時々の内面の表現に指導者がリアルタイムに応ずることが可能になる
ために，患者さんと指導者が一体になって個人の内面をより深く掘り下げるこ
とができます。これに対して集団でのセッションでは，1人の指導者が複数の
患者さんと関わるので，そこでは一対一のように，各個人の内面の表現に深く
関わることは難しいのですが，患者さん同士のコミュニケーション，そして自
分以外の患者さんと指導者とのコミュニケーションを見る，ということを通し
て共同体意識や他者理解という社会性が育まれ，またそのことが自己理解につ
ながっていきます。

　個人の内面を深く掘り下げての表現ということを考えたとき，集団でのセッ
ションは多くても十数人程度の小集団が望ましいのです。「ダンスはダイナ
ミックなコミュニケーション」であるというダンスの特性を十分に活用するには，
お互いのまるごとのからだをそのセッションの場に投げ出し，共有する時空間
のエネルギーを高め，その場を日常的な場から非日常的な場に転換することが
必要であり，そのためにも，一対一より集団での活動がふさわしいのです。

　筆者らは，十数人でのセッションを基本にしていますが，普段は集団のセッ
ションに参加しているのに，病状のためにダンスをしたいけれど集団に入れな
いという患者さんに対しては，集団セッションの中で，指導者と2人で即興で
踊ることも取り入れています。

第Ⅱ部　実践にみる身体表現の力

② 事例──指導者と一対一で即興で踊る

筆者のセッションに毎回，熱心に参加している患者さんを例にあげましょう。その患者さんは，ふだんのセッションでは個人での創作にたいへん積極的で，素敵な表現をし，ダンスの感想などをよく話しますが，その日は状態が悪く，何とかダンスセラピーの場にでてきましたが，見学していました。他の患者さんが創作課題（波）に取り組んでいるときに，筆者がその患者さんの傍らに行き「あなたが踊りたいように踊って，私はあなたについていくから」と言ったところ，その患者さんが踊りだしました。筆者は患者さんの動きを写し取り非言語的で象徴的なコミュニケーションを受け止め，また，筆者がそれらを拡張し，明確にすることによって筆者の直接的な感じや「私は一緒に踊れて楽しい。私はあなたを理解し，受け入れているので大丈夫よ」という思いを動きで伝えようとしました。患者さんにつられて踊った筆者は，彼女の中へ引き込まれていくように感じ，また彼女の動きのフレーズを受けて私が踊りだすと，それにつられて彼女が踊りというように，「引き込み，引き込まれ」という2人が浸透しあう充実感に包まれる感覚（第4章第4節でみたエントレインメント）を体験しました。患者さん自身は，踊り終わったときに，目に生気が戻り笑顔で，「気持ちよかった。私の踊りを先生と一緒に踊れてうれしかった。また先生に私と踊ってほしい」と述べました。この時は，集団のセッション中でしたが，このような状態の患者さんには，一対一でまるごとのからだの動きで向きあって踊ることも必要で，この一対一を経験して，患者さんが再び，集団の中で創り，踊り，みる（みられる）という気持ちになったとき，集団のセッションへ誘うというように，患者さんの気持ちに沿っての活動を心がけています。

（3）患者さんの変化

前節で述べたセッションに継続的に参加してきた患者さんに現れた変化について，主治医がどのように捉えているか，主治医の記録を引用しながら，患者さんにとってのダンスセラピーの意義を考えます。なお，ここに登場する3名の医師は，筆者が宮崎病院（2000年にみやざきホスピタルに改称）でダンスセラピ

ーを開始するまで，ダンスセラピーを見聞したことはありませんでした。

① 松村医師による6つの症例

ダンスセラピーセッションの見学，ビデオに収録した患者さんのダンスの発表の視聴，そして診察時の患者さんの状態から，松村起男医師は，ダンスセラピーに対して，次のようにレポートにまとめてくださいました。

「Dance therapy を私は恣意的ではあるが，行動療法の中 Wolpe, J. の謂う系統的脱感作法（desensitization）と Beck, A. T. の認知療法とを合わせた認知行動療法（cognitive behavior therapy）の1つの variation と考えている。それは，患者さんにある一定の状況を image させ，*in vivo* に Dance（Behavior）という行動形態を媒介項として患者さんに内潜する心理過程を把握すると共に患者さんの抱えている panic disorder や depressive status を緩解することを目的とすると思えるからである」。

そして，松村医師は，ダンスセラピーが患者さんの情動に与えた効果を探る最初の手がかりとして，患者さんに個別に受療後の印象を述べてもらい，その中から明瞭に反応を示した6症例（男性1例，女性5例）を報告してくださいました（表5-2）。

松村医師は6つの症例のうち，症例2以外は，いずれも受療時の表面的ムードを感覚的に受け止めたに過ぎないとし，着目すべきは症例2であるとしています。この症例2の患者さんについては，②で取りあげます。

松村医師が指摘しているように，5例は表面的であろうともダンスセラピーに参加することにより，患者さんそれぞれの感情や感覚が働いていることがわかります。

② Aさんの場合（主治医：松村起男医師）

Aさん（女性）は表5-2の第2例目の患者さんです。21歳で「内因性うつ病」，その後，躁状態，人格障害の存在も疑われるようになり，入退院を繰り返し，1990年代初めから宮崎病院に入院。以後，状況因的に抑うつ的，躁的となり，自殺念慮もしばしば出現しています。

115

第Ⅱ部　実践にみる身体表現の力

表5-2　6つの症例

第1例	患者 f1	女性，49歳，躁病 「自分の頭に浮かんだことを身体の線をきれいにして表すんだからグッド・アイディアでしょ」
	主治医	＊やや軽躁で昂揚しているが言語表現は当を得ている
第2例	患者 f2	女性，34歳，躁うつ病 ①「私は，無口だから言葉でうまく表せないんです。だから身体の動きでそれを表せるのは楽しいです」 ②「自分の思った通りに身体が動くとうれしいんです。でも，疲れますね」 ③「今，ゆううつなんです。なんにもやる気がなく，死にたくなっちゃうんです。でも，ダンスすると気が紛れるんです」
	主治医	＊表情も豊かになり，笑顔も見せ，vital には問題はないが，性格的はきわめて脆弱で情緒的破綻をきたしやすく，心的外傷を受けやすい傾向にあるが少しずつ安定化してくる
第3例	患者 m1	男性，39歳，統合失調症 「肩の力を抜いて，鳥が飛ぶような格好をしたり，気分的にも落ち着きます。これからも続けようと思っています」
	主治医	＊軽度の欠陥状態にあるが，情意障害を認め，対人接触の場で協調性なく，現実性吟味に欠けるが情緒的には安定化の傾向にある
第4例	患者 f3	女性，34歳，神経症性うつ病 「今まで6回やりました。個人で一つのことを思い浮かべて踊ることにすごく充実感があると思いました。自分で，良くできたと思うときはうれしいですよ」
	主治医	＊幼児的退行をきたした未熟な人格で，些細な状況の変化によって容易に不安・恐慌をきたしやすく，時には無秩序，混沌となり，所謂，鬱病の刺激的興奮が著しい患者さんである
第5例	患者 f4	女性，60歳，うつ病（慢性化） 「先生がいろいろのことを言って，そのことを思い浮かべて，手足を動かすんです。でも終わりには疲れますね。まあ，自分の思うように動かせるみたいで楽しいですよ」
	主治医	＊慢性化した退行期うつ病の患者さんで，やや，精神老化も合併している
第6例	患者 f5	女性，60歳，躁うつ病（人格的退行） 「みんな，スタイルは違いますが飛んだり跳ねたりします。この間は，先生からほめられました，素敵ね，って。とてもうれしかったです」
	主治医	＊長い入院生活の中で社会的感覚を欠落し，心気的訴えの強い一方，情緒的にも不安的な患者さんである

注：患者さん…診療時に患者さんが述べたダンスセラピーの印象
　　主治医…主治医による説明
　　f：女性，m：男性

ダンスには入院直後からほとんど毎回参加しています。この患者さんについて，主治医は次のようなエピソードを報告してくださいました。

「『何もする気がなく死にたくなっちゃうんです』と希死念慮の黄色信号を点滅させ，かつ，過去にも2回の行動化の履歴を有し，明らかに憂慮するべき情動の不安定を示していた。偶然のことながら，この時期，本療法実施日に当たり，しかも症例が内的制止の強くない状態も幸いしたため自ら受療し，『でもダンスをして気が紛れました』と述べ，数時間後には『先生さっきは心配かけてすみません。私って生理になると不安になるんです』と自ら洞察し，『死にたいなんて言いません』と微笑んで自室に戻ったときの治療者としての安堵は，他の誰にも察知し得ない祈りにも似た尊いものであった。このことはある場面ではダンスセラピーが患者さんの情動面に一時的ではあるにせよ効果的であったといわねばならない」。

主治医はビデオでこの患者さんのダンスを見て，「柔軟で円滑な動きで，音楽とマッチして踊っている患者さんの姿に感動し，その中に感性が豊かで精緻であるAさん独自の表現を感じ，自分が担当している患者さんのそのような表現にこみあげてくるうれしさを感じる」と述べています。

そしてダンスを始めてから1年の間にAさんの感情面・行動面・意志面・日常生活全般にわたって変化があり，その変化はダンスセラピーへの参加と関係があるとしています。

また，Aさんは田中教授のインタビューに対し，ダンスは「楽しい」と答え，指導者に対しては，「明るくて自分のいいところを引き出してほめてくれる」と，また「ダンスを始めて変わったところは？」との問いには，「目標がもてた。生きる張り合いができた。1つの音楽，1つのテーマをどう表現するか悩まなくても素直に表現できる。どこかで，自分の存在を叫んでいると思う。ダンスによって自分の感情を素直に表現できるとしたら，すばらしいものにめぐり会えたと思う」と答えました。

ここに，自分の存在を確信できない患者さんがその確信を回復していく過程

第Ⅱ部　実践にみる身体表現の力

をみることができ，ダンスとは自分の存在の叫びであり，それが生きる力につ
ながっていることがわかります。

③　Ｂさんの場合（担当：田中和義医師）

　Ｂさん（女性）は14歳で発症（統合失調症），入退院を繰り返した後，1970年
前半から宮崎病院に入院。入院当初，医師が作業療法などを勧めても，ほとん
ど続かず，以後，周囲に無関心，憎悪期には拒食や，尿失禁が続き，他患との
交流もなく臥床がちの生活が続いていました。ダンスセラピーには田中教授の
勧めで1991年４月の第１回目から参加し，以後，ほとんど毎回参加（２年程前
からは車椅子で参加）。開始から３回目までは，ほとんど直立のまま，無表情で
部屋の中をぐるぐる歩きまわるだけでしたが，４回目には，異なるいくつかの
動きで個人発表も行い，笑顔で「うれしくて，楽しかった」と感想を述べるこ
とができました。これ以後，回を重ねるにつれて次第に多様な動きで表現する
ようになり，感想も「楽しかった」から，「水たまりにポッツンと落ちるとこ
ろが楽しかった」「水蒸気になったり，泡になったり楽しい」というように表
現する楽しさの内容を具体的に述べるようになり，また他の人の発表に対して
も「○○さんのはこういうところが素敵。今度は私もあのようにやってみた
い」というような感想も述べるようになりました。患者さんの感想から自己を
創造的に表現することの楽しみと同時に他者の表現を目標とする意欲の現れを
み，患者さん相互に自分のダンスをみせあうことによるコミュニケーションの
成立を認めることができます。

　その時点での主治医の診療時の記録は「相変わらず臥床して過ごすことが多
い。風呂も洗面も好きではなく誘導しないと不潔になりがち」などがほとんど
で，ダンスの活動が日常生活に反映されてはいませんでした。しかし，ビデオ
で彼女のダンスを見た主治医は「ふだんはまったく動きがなく，無為，感情鈍
麻の著しい患者さんが生き生きとからだで表現していた。２人で組んだ表現で
は，むしろパートナーを指導しているようであった」「『人が逃げ，さまよう』
という個人発表では，素早い身のこなしに，彼女にあんな一面があったのかと
驚いた。ダンスの翌日診察したが，以前と同じモサーッとした態度だった」と

述べています。そしてダンスを始めてからの 1 年の間に B さんの感情面・行動面に変化があり，その変化はダンスセラピーへの参加と関係があるという判断しています。

また，B さんは田中教授のインタビューに対し，ダンスは「楽しい」と答え，指導者に対しては，「これからも先生について勉強したい。ダンスが待ち遠しい。これから踊るのかと思うとわくわくしちゃう。毎週やりたい」と答えました。

そして，およそ 2 年を経過した頃から作業療法に参加しはじめ，次第に作業も長時間積極的に行い，この頃から服装・髪形も整い，医師の回診時には，「ダンスに行きました」「よくなりました，作業をしています」など，自分から医師に話しかけ，言葉による表現も明確になったことから，主治医は，ダンスセラピー開始後，他者との関係を含めた生活レベルが明らかにあがっているとみています。そして主治医は，「ダンスセラピー以前の眠っていた創造力，表現力が開花し，尿失禁というかたちで，身体が，いびつで退行した他者とのコミュニケーションの手段に使われていた状態から，ダンスセラピーによる身体を媒介とした創造力，表現力が顕在化した結果，他者との交流が修復され，セラピーの場を越えた生活の場へと応用されていった症例」と評価できるとしています。

（4）患者さんにとってのダンスセラピーの役割

（3）でみてきた患者さんたちの 2 人の主治医は，いずれもダンスセラピーへの参加が患者さんに変化をもたらしたと判断して，ダンスセラピーにある種の治療的意味を見出してくださいました。そしてこの 2 症例からだけでは，その治療的意味を普遍化することはできませんが，ダンスを通じて，自己への気づきと，周りの世界への共感性が，鼓舞される手がかりになっているとも述べています。

これらの事例を通して，心身の開放，創造的自己表現，他者との交流をはかることを内容とするダンスの活動は，その活動に参加している間という限定的

第Ⅱ部　実践にみる身体表現の力

な時間だけではあっても患者さんに喜びをもたらし，患者さんの情動面に一時的ではあるにせよ効果が認められ，さらにダンスの活動を積み重ねるにしたがって，活動の時間内のみならず，日常生活の中にも感情面・行動面・意志面でのプラスの変化が認められていることがわかります。

　このようにたとえ短時間であっても自己を創造的に表現する楽しみや喜びを体感すると共にその楽しみを仲間と共有し，さらに活動の積み重ねが感情面・行動面・意志面などでの変化として日常生活にも表れるようになるプロセスは，その1回1回の活動が，小さな自己実現であり，それは最初に述べたすべての人間の究極の目的である自己実現につながってゆくと考えています。

　精神病院でのダンスセラピーの実践に手ごたえを得て，デイケアでダンスセラピーを開始することになりました。そこで次に高齢者施設における実践を取りあげます。

5　特別養護老人ホームでの実践

（1）「新とみ」におけるダンスセラピーの位置づけ

　筆者らのダンスセラピー実践の場は，東京都中央区に位置する特別養護老人ホーム「新とみ」です。「新とみ」では，主にデイケアの利用者を対象として多様なレクリエーション・プログラムが行われています。椅子を使ったチェアービクスやタオル体操，ヨガや音楽療法などが取り入れられており，その多くが介護予防を期待するものです。「新とみ」には50代から90代までの利用者が訪れ，全体の9割に認知症の症状がみられるということから，介護や寝たきりの予防，認知機能低下の予防に効果のあるものが選択されています。しかし施設長の関口氏によると，「どちらかというと介護予防的なものが多い中では，本当に声とからだでいろんなものを表現できるという点では，利用者の方がすごくのびのびとやっているのが，今までにないものだなあと思って見ています」というように，ダンスセラピーは介護予防を主たる目的にせず，利用者の

120

方がのびのびと，生き生きとからだを動かし，表現する機会をつくることを目指している点で特徴的な活動となっています。

認知症の症状は利用者の方によって様々な特徴があり，「まったく言葉も出ないような，無表情な方もいて，こちらから働きかけなければ，一日ぼーっと過ごされているだけの，本当に表情のないような方もいらっしゃれば，同じことを繰り返し繰り返しおっしゃっている方，場所も，今どこにいるかわからなくなってしまう，時々パニックになってしまいがちな，そういう方もいらっしゃいます」「何もしなければ，帰宅願望といいますか，家に帰らせてくれとか，あとはもう同じことを繰り返しおっしゃるような，そういう状況の方ばかりなんですね。ご家族から聞きますと多分家ではそんな感じらしいんですね。同じことをただ繰り返したり，急に家を出てしまったりだとか」というように，日常の様子からはレクリエーション活動の実施が困難と思われる方もいらっしゃいます。

後期高齢者を対象としたダンスセラピーの実践には，利用者の方のこうした特徴や症状に合わせ，セッションを工夫する必要がありました。加齢や認知症の進行によって動かしづらくなった身体（凍った身体感覚）を感情と共に拓いていき，座位のままでも心地よく身体表現を行えるよう，基本のセッションを次のように調整しました。

（2）デイケアでのセッション構成

表5-3に，デイケアでのセッション構成を示しました。

① Part I. ──ラポールを築く

まず，セッションのはじめから終わりまで，利用者の方全員が椅子あるいは車いすに座っていることを考慮し，Part I. では必ず指導者が利用者の正面にしゃがみ，両手をとって語りかけるように挨拶をします（写真5-5）。関口氏より，「最初にこう，お一人お一人に，先生方が挨拶として回っていただくのが，すごくいいなって，あれも今までにはなかったものですから，（他のレクでは）どちらかというと，『さあ，始めます』，っていうことで始めるんですね，

第Ⅱ部　実践にみる身体表現の力

表5-3　デイケアでのセッションの構成

Part	内　容　・　目　的　など
Ⅰ	○ラポールを築く ・フォークダンスの曲をかけながら，指導者が参加者一人ひとりの正面にしゃがみ，手をとって動かしながら挨拶をする（必ず目を合わせ，語りかける） ・フォークダンス，ミッキーマウスマーチの曲に合わせて簡単な運動（ウォームアップ） ・深呼吸とともにからだを動かす（伸びる・縮む，脱力） 　　呼吸のリズム・長さを変える，動きを変える
Ⅱ	○テーマに合わせた動き・想像 ・季節のテーマや日常動作からイメージをふくらませる（花，おみこし，落ち葉，餅つきなど） ・指導者の動きを真似る　→　イメージから参加者それぞれが動きを創造し自由に動いてみる
Ⅲ	○ゲーム性のあるセッション ・足でじゃんけん，ポーズで止まって秒数を数える，などチャレンジ性がある活動を行う
	・その他，指先など末端を動かす活動，新聞紙を使用する活動など
Ⅳ	○コミュニケーション
Ⅴ	・指導者が参加者一人一人と両手を合わせ，押し合う 　（身体の力の確認，身体同士のコミュニケーション） ○リラックス　　・自分の身体のマッサージ，深呼吸

写真5-5　はじめのご挨拶

ですから，お一人お一人に声かけして，なんとなく和んだところで（スタートする）という，それが，ああこういうやり方なんだなあという，印象を受けてすごくいいと思っております」といった感想を抱かれたように，セッションの初めに一対一のコミュニケーションの時間をとることが，利用者の方とのラポールを築きやすくするとともに，身体感覚を呼びさます活動となるため，必ず行うようにしています。全体の雰囲気がほぐれたところで，ウォームアップ，呼吸とつながる動きへと進めていきます。

第5章　精神病院・デイケアでのダンスセラピー

②　Part Ⅱ．──イメージをふくらませる

Part Ⅱ．では，イメージをふくらませる活動を行います。季節感のある題材や，日常動作を発展させた動きを選び，指導者がリードして何度か繰り返しながら動いていきます。利用者の方の過去の記憶や体験を呼び起こし，イメージがふくらむような題材を選びます。このとき，指導者の動きを真似するだけで終わることがないように，利用者の方がそれぞれ動きを考え，創造する楽しみを味わえるように工夫します。座位のままの活動であり，表現を発表するというかたちをとることはできませんが，利用者の方がお互いの動きを見合う機会を失わないように気をつけます（写真5-6，5-7）。たとえば，「Aさんのお花はかわいらしいお花ですね，Bさんは花びらが開いて華やかなんですね」，などの声かけをすることで，イメージの共有や創造性を認め合う時間が生まれると考えています。ここでは，利用者の方が自由に動き，様々な創造が生まれることを期待し，指導者は共感する態度を崩さず，イメージを共有しあおうとすることが重要です。

③　Part Ⅲ．──考えて動く

Part Ⅲ．では，「考えて動く」ことをポイントとし，じゃんけんや数を数える動きなどを取り入れます（写真5-8）。認知症の予防としての効果も考慮していますが，セッションの流れがここで切れてしまわないよう，利用者の方の反応に注意し，楽しみながら行える活動を展開していきます。

④　Part Ⅳ．およびⅤ．──コミュニケーション，リラックス

Part Ⅳ．は，再び指導者と利用者の方が一対一で向かいあい，両手を合わせ，押しあったり，揺れたりする活動です。力の押しあいをすることで，利用者の方に，自分の押す力や相手の押す力を体感してもらうことができ，間主観的な関わりあいが深まると考えています。もちろん，力の弱い方や，片方の手に力が入らない方などがいらっしゃるため，指導者は相手の様子を確認しながら力を調節することが必要となります。

セッションの最後は，自分の身体をさすったり，叩いたりの動きでマッサージをし，大きな動きでの深呼吸で終わります（写真5-9）。

第Ⅱ部　実践にみる身体表現の力

写真5-6　イメージを膨らませながらからだを伸ばす

写真5-7　リズムに合わせて動く

写真5-8　数を数えながら脚を開いて閉じて

写真5-9　深呼吸してリラックス

　いずれの活動においても，利用者の方の運動機能の個人差や，認知症の症状，四肢や感覚の障がいの有無を考慮し，無理のない範囲で動くことを伝えています。

（3）利用者さんの変化

　ここまでデイケアにおけるセッションの流れをみてきました。施設長の関口氏は，認知症の症状が進行した利用者の方について，以下のように話されています。

　「最初はダンスセラピー，参加できるのかなあというのがとても心配だったんですけど，みなさんすごく生き生きとして，こんなに手とか足が動かせたんだって，私たちも本当に初めて発見することが多かったんですね」「特にお一人，女性の方で，朝お迎えに行くと，もうどうしても行きたくないと（言われ）。あの手この手でいろんな理由をつけては，拒否される方がいるんですが，何と

124

かそれでもご家族から言われて強引に連れてきてるんですけど，その方がダンスセラピーで別人のように，手足をのびのびと伸ばしてやっている姿を見たときに，もう本当に，ああこんないい面があったんじゃないかって（感じられました）。ダンスセラピーが始まるまでは，スタッフが声かけやらなにやら，工夫しながら，とにかくいてもらう，一日過ごしてもらうということだけで四苦八苦してたんですけれど，ダンスセラピーに参加されているあの様子を見たら，本当に生き生きしていて，スタッフも，写真を撮って娘さんに見せてあげて，ご家族もすごく喜んでらっしゃって」「本当に遠方から1週間に1回みえられる娘さんなので，お母さんのふだんの様子もよくわからず，拒否されている姿しか見ておられないので，ダンスセラピーをやっている姿をみたらもうびっくりなさって（いました）。」

　このように，認知症によって身体感覚や身体感情が乏しく，他者との交流が困難になっている方は少なくありませんが，ダンスセラピーの活動の間は本来の生き生きとした身体感覚を取り戻せています。

（4）利用者さんにとってのダンスセラピーの役割

　認知症の程度にかかわらず，高齢者は積極的にからだを動かす機会が少なくなり，自分のからだがどこまで動くのか，どんな動きができるのかを忘れてしまいます。ダンスセラピーでは，日常では動かさない範囲までからだを動かすため，「私のからだに筋肉がちゃんとあるんだなと感じたわ」「こんなところまで私の手，曲がるのね」などの言葉が聞かれます。座位のままでも限界までからだを伸ばし，夢中で表現を行うことで，「楽しかった」「よく眠れる」「スカッとする」といった状態に至り，感情と身体のつながりを再確認できるのです。

　関口氏からは，施設スタッフが朝の体操を行ってもなかなか腕があがらないのに，ダンスセラピーでは，「もうみなさん，え，こんなにあの人腕あがるんだ」と感じるとのお話をいただいています。高齢者を対象としたダンスセラピーは，介護予防の体操としてではなく，身体と感情のつながりを強固にし，身体を動かして心を豊かにしていく活動としての役割を担っています。

第6章

幼児期の身体表現

1　動きの表現の発達特性

（1）幼児期の動きの表現の役割

①　「生きる力」の基礎を育む

　幼児期における教育は，生涯にわたる人格形成の基礎となるものです。幼稚園教育の基本には生きる力の基礎の育成があり，2018（平成30）年4月から施行される新しい幼稚園教育要領では，幼児期の終わりまでに育ってほしい姿として「健康な心と体」「自立心」「協同性」「豊かな感性と表現」など10項目が明確に示されています（文部科学省，2017）。このような姿に育てるための指導するべき内容として子どもの発達の側面から5つの領域──「健康」「人間関係」「環境」「言葉」「表現」──がまとめられています。保育所保育指針には，「生きる力」への言及はありませんが，養護と教育を一体的に行う保育のうち，教育に関する内容は，幼稚園教育の内容と同じ5つの領域があげられ，幼稚園，保育所のいずれにおいても5つの領域を内容として生きる力の基礎を育てることが求められています。

　5領域は小学校以降の各教科のように独立した性格をもつものではないため，この時期の子どもの発達特性を踏まえ，子どもの生活や遊びに即して，互いに関連をもちながら総合的に展開していくことが肝要です。しかし各領域の特性により，先の育ってほしい10の姿の陶冶に濃淡があることも事実です。したがって，5領域の特性を踏まえつつ，総合的な活動として展開することによって，一人ひとりの子どもの存在を偏りなくまるごと育てることが可能となります。

第Ⅱ部　実践にみる身体表現の力

さて，音や言葉での表現と同様に「表現」領域に含まれている動きでの表現による活動（以下，動きの表現と呼ぶ）は，生きているからだで生み出す動きによる表現であるために，他の4領域との関わりも深く，総合的な活動となりやすいという特性を有しています。

その中でも，動きの表現は幼児の「運動」「感性・創造性」「社会性」の発達と次のような深い関係があります。

② 多様な動きと感性・創造性を育む

動きの表現の活動では，子どもの運動好奇心を掻き立てる多種多様な動きを1人で，また仲間と，十分体験することが必要です。全身を精一杯使って，走る，跳ぶ，回るなど，様々な動きを楽しむ中で，自分のからだがどのように動くのか，そしてそのように動いたときにどんな気持ちがするのか，何になったみたいかなどに気づくようになります。そうした体験を通してイメージにぴったりする動きを工夫する楽しさを知った子どもたちは，自ら進んで面白い表現的な動きを探したり，仲間と一緒になって1人ではできない動きを工夫するというような主体的な運動経験を通して運動発達がはかられます。また，動きの表現は，動きながらわいてきたイメージや，感性を働かせた自由な発想からつくり出した新鮮なイメージにぴったりする動きを自分1人のからだで，あるいは仲間とのからだで自由につくり出していく創造的な活動であり，感性の豊かさを育みながら年齢にふさわしく創造性の開発がはかられます。

③ 社会性を育む

動きの表現の活動は，個々人での活動にとどまらず，仲間との協同的な活動に発展していきます。仲間と一緒にイメージを出しあい，1人ではできない動きを工夫することを楽しむと同時に，時にはお互いのイメージや動きの異なりが，小さな衝突を引き起こすこともあります。このような自我のぶつかりあいを経験しつつ，共通の目的を見つけて，友だちのイメージや動きにもよさがあることに気づき，相互に関わりあいを深めながら協力して目的を実現する喜びを味わうことができるようになっていきます。このように，仲間との動きの表現の活動は，協同の喜びと難しさの双方の体験を通して自己と他者を自覚する

契機となり，子どもは次第に社会化されていきます。

　以上のような「運動」「感性・創造性」「社会性」の発達には，幼児が遊びの中で周囲の世界に好奇心を抱くことのできる環境が必要です。動きの表現では，子どもたちの身近にあって，子どもたちが興味・関心をもつ動物や植物，雨や波などの自然現象，また花火や餅つきなど，季節と結びついた生活事象などをとりあげ，可能な限り五感をフルに使って体感し，観察する経験を積み重ねることが大切です。そうすることによって子どもの物事に対するイメージは多面的に豊かに育まれ，新鮮な感じ方，考え方，行動の仕方が身につき，表現の場を越えて日常生活においても創造性に富んだ生き方につながっていきます。

（2）動きと動きの表現

①　動きそのものを楽しむ

　幼児は，遊びの中で「くるくる回り，目が回って倒れそうになっても回り続け，やがてよろよろっと倒れこむ，そしてすぐにまたくるくる回り始める」といった動きや，「細い花壇などの淵を両手を横に広げて落ちないようにバランスをとりながら歩く」といった動きを好んで行います。このような動きはカイヨワの眩暈の遊び（第2章参照）にあたり，倒れそうになる，あるいは落ちそうになるからだを何とかコントロールしようとする調整力が求められます。子どもにとっては全身を使ってのスリリングな遊びであり，この時期の運動欲求の満足が，より高度な動きに対する身体のコントロールを促進することになります。子どもは，それぞれの動きの特質を十分に味わえるまで繰り返し動くことによって満足感を得ると同時に，その動きを自分のものにしていきます。そして自分のものとなった動きは，みんなで表現する中に自然に表れるようになります。

②　動く楽しさから表現する楽しさへ

　年少児，あるいは表現の経験が浅い初歩の段階では，まず，のびのびとリズミカルに動き，その動きに没入することにより，幼児の心は開かれます。たとえば，カエルになってピョンピョン跳ぶ，車になってでこぼこ道を高くなった

り低くなったりしてデコボコ走るなど，簡単なリズムパターンで，あるものになって動く楽しさを知ります。そこでのイメージと動きの結びつき方は比較的衝動的で，その場限りであり，後日それを再現することは難しいのが特徴です。

年中，年長児と動きの表現の経験を積むにつれて，題材の感じや特徴をより上手に捉えていろいろな動きをみつけ，自分なりの表現をするようになります。個人の工夫が明らかになり，そこでのイメージと動きの結びつきは緊密となり，創意がかなり強く働いてきます。そして，後日，それと同じ動きでの表現を再現できる能力も身についてきます。

（3）模倣表現と創造的表現

動きの表現の形態は，みんなが同じような動きをしている模倣表現と，創意の働いた動きで表現する創造的表現に分けられます。模倣表現から始まり，発達につれて次第に創造的表現へと移行していきます。

① 模倣表現

模倣表現とは，日常的・慣習的な動きを模しての表現であり，たとえば，うさぎの表現では，両手で耳をつくり，ピョンピョン跳ねる，象の表現では片腕で鼻をつくり，脚を大きくあげてズッシンズッシンと歩くというように，いわゆるステレオタイプの動きです。動きの表現の活動を保育者と共に開始した初期の段階では，多くの子どもは保育者の周りで保育者の動きを模倣します（写真6-1）。これは赤ちゃんが口真似で言葉を獲得していく過程に相当し，子どもはこの過程においてイメージと動きが融合したいろいろな動きの体験によって，自ら動きを創造していく基盤を形成します。そして，このような活動を積み重ねていくうちに，次第に保育者の動きを模倣する子どもは漸減していき，保育者の傍から離れて友だちの模倣をしたり，1人で工夫して表現するようになります。

② 模倣表現から創造的表現へ

保育者の周りから離れはじめたとき，それは子どもがその題材に対して自分なりのイメージを抱き自分のしたい動き（この時期の動きは，まだ模写の性質が強

写真6-1　子どもたちそれぞれのキリンさん（3歳児）

い）で表現する主体的な活動へ移行したことを意味します。模倣表現には初期の段階にみられる保育者の動きをそのまま模倣する段階と，保育者から離れ自らのイメージをもち自分の動きたいように動くという段階があります。この後者の段階は，その子ども自身のイメージと動きが生きた表現であり，そこには多分に創造的活動の要素が含まれ，模倣表現と創造的表現の橋渡しの段階です。

③　創造的表現

創造的表現では，1つの題材に対していろいろなイメージを捉え，そのイメージを日常的・慣習的な表現から離れて，自分のからだでそのイメージにぴったりした動きを探求し，同一題材に対していろいろな表現を生み出していきます（写真6-2）。そこでは，創造的想像力が強く働き，保育者の言葉かけに対しても，それぞれの子どもが様々な捉え方をして，個性的な表現がみられるようになります。このように，自らが工夫しての表現（創造的表現）を楽しむようになると，自分自身が工夫することに興味をもつと同時に，友だちの表現をよく観察し，見ること，感想を述べることにも興味を示し，友だちの表現を真似てみたりします。すなわち自分自身が工夫して表現するという体験が，友だちの工夫に対しても動きの感じや特徴を直感的につかみ，友だちの新しい発見や動きの良さを認めるという態度を養います。子どもは自分の表現を見てほしいという強い欲求をもちますが，それと同時に，他人の表現を見ることによって，自分も新しい捉え方，動きの創造に対してさらに強い意欲を抱くようにな

第Ⅱ部　実践にみる身体表現の力

水が入って　　　　　　⇒洗濯物が浮かんでくる

⇒スイッチオン・ねじれる　　⇒からまる

⇒からまる　　　　　　⇒干す

写真6-2　おせんたく（5歳児）

ります。

　創造性の高まりにともなって模倣表現は減っていきますが，より高次な表現を生み出そうとする活動の中で，模倣表現が表れ，模倣表現と創造的表現が入り混じりつつ，動きの表現の力は磨かれていきます。

第 6 章　幼児期の身体表現

表 6 - 1　仲間との表現

①	ほぼステレオタイプの動きで友だちと一緒に表現
	・ほぼ同じ形で横や縦に並んだりつながったりして同じような動きで表現する
	（例）　蝶々になって 2 人で仲良く飛ぶ
	・種類は同じで，大きさの違うものを，横や縦に並んで表現する
	（例）　大きなお父さん象と赤ちゃん象のお散歩
②	2 人で役割分担をして，友だちと表現
	（例）　1 人はリス，1 人はドングリになり，ドングリを転がしたり食べたりしてリスがドングリと遊ぶ様子を表現する
③	一人ひとりが違った役割を分担し，役割にふさわしい動きを工夫し，友だちと一緒に表現
	（例）　半数の子どもが木やトンネルや石になり，半数の子どもは車になって木の間やトンネルをくぐったり，石ころを飛び越えりたして，いろいろな道を走る車を表現する
	（例）　3 人以上のグループでトラック，荷物，運転手などになり，荷物を運ぶ
④	7，8 人のグループで，一人ひとりが 1 つの大きなものの各部分になって動きを工夫し，みんなで 1 つの大きなものになり表現
	（例）　一人ひとりがロケットのいろいろな部品になり，その部品を組み立ててみんなで大きなロケットになって，宇宙に飛んでいき，宇宙探検する様子を表現する
⑤	大人数で 1 つのものになったグループが 2 つ以上集まって行う表現
	（例）　4，5 人で大きな岩をつくり，3，4 人が波になり，岩にぶつかる波，飛び越える波などを表現する

（4）ひとりでの表現から仲間との表現へ

　幼児の遊びは，ひとり遊び，並行遊び，共同的な遊びへと次第に他者との関わりが深まった遊びへ進んでいきます。動きの表現の活動では，並行遊びに相当する同じテーマで子どもたち一人ひとりが思い思いに表現することから始まり，仲間と協同しての表現もいろいろなかたちで行われます。動きの表現の活動を始めて比較的早い時期（初歩的段階）から①②のような 2 〜 3 人の友だちとの表現が始まります（表 6 - 1）。

　進んだ段階では③④⑤のようないろいろな人数で役割分担をして，役割にふさわしい動きをそれぞれに工夫し，友だちの表現をお互いに感じながらみんなで 1 つの世界を表現するようになります。

　④⑤は，一人ひとりが違った事物の一部となり，それらが合わさって自分たちのイメージにふさわしい世界を表現する段階です。ここでは，表現対象の捉え方（表現対象に対してもつイメージ），それにふさわしい表し方（運動の選択と

133

第Ⅱ部　実践にみる身体表現の力

組織化）をめぐっていろいろな意見が交わされ，ある時は仲間と衝突し，自分と他人の考え方，感じ方や，表現方法の相違を知るようになります。そして自己主張ばかりでなく，他人の意見に耳を傾け，他の友だちのアイディアやよりぴったりした動きの提案に対して，それを認め，協力して表現できるようになったとき，個人での表現では得られなかった新たな楽しみを知るようになります。また，1人では実現できなかった自分のアイディアも友だちの力を借りることによって実現できることもわかってきます。

　上記の①〜⑤のグループでの表現は，漸進的に行われるだけではなく，行きつ戻りつし，その中で，幼児はグループで表現する技能を工夫し体得していきます。幼児のグループ表現に適切な人数は，年齢，題材などによって異なりますが，初歩の段階では2人，3〜4人，進んだ段階ではかなりの人数（7，8人）で自分たちの世界を創造し，長い時間持続して表現できるようになります。

2　動きの表現の指導のポイント

（1）子どもの創意を引き出す

　動きの表現を指導する際に大切なことは，対象とする子どもたちの一般的な発達特性をベースに，一人ひとりの子どもがどのような興味や欲求をもち，運動発達も含めてどのような発達状態にあるのかを把握し，その上で，動きの表現の活動で子どもたちの何をどのように方向づけ，引き出したいのかを明確にすることです。そのために指導計画の案を立てますが，実際の動きの表現の活動の場では，保育者が予想していたイメージや動きを超えて子どもたちから新鮮なイメージや動きがでてくることがよくあります。そのようなときには，指導計画案からのズレを楽しむ余裕をもって，子どもがいかに主体的に表現できるのかを感じとりつつ，子どもの創意を引き出すことが大切です。

　毎回，保育者が新しい経験を子どもたちの世界へ持ち込むことによって，子どもに「今日はどんな面白いことをするのかな」という期待をもたせ，子ども

134

第6章　幼児期の身体表現

たちが新鮮な感動をもって表現に没入でき，動きの表現は先生と一緒に新しい
ことを発見するから楽しい，友だちと仲良く表現できるから楽しいというよう
に，新しい経験や集団での活動の楽しさを味わわせ，活動の終了時に，子ども
が「面白かった・楽しかった」「もう一回しよう」という気持ちをもてるよう
な指導が望まれます。

　なお，わずかではありますが，動きの表現の活動に入っていけない子どもも
います。そのような子どもも，他の子どもが先生や仲間と楽しく仲良く動く様
子をその場で感じとり，その子どもの外から見えるからだに動きはほとんどな
くても，外からは見えないその子どもの気持ちは動いていることがよくありま
す。そして次第に，ちょっと手足を動かしたりするようになります。その小さ
な動き出しが，表現の世界に子どもを引き込んでいくチャンスなので，保育者
は子どものちょっとした動きを見逃さないことが肝心です。

（2）動きの表現の題材と豊かな捉え方

①　題材の選び方

　動きの表現にふさわしい題材は，年齢，環境，動きの表現の経験によっても
異なりますが，その題材に対してイメージが広がり，動きをたくさん予想でき
るものを選びます（写真6‐3，6‐4，6‐5，6‐6参照）。動物，植物，自然現
象，生活事象など，私たちの身近にあるもの，また想像上のものなど，多くの
ものの中に動きの表現の題材となるものを見出すことができます。いろいろな
題材の中から，まずは，動物・乗り物などのようにそのものの形と動きがはっ
きりと目に見えるものを取りあげ，次第に目には見えなくても動きや形が想像
できるものを取りあげていきます。そして，取りあげた題材の何を「内容」と
するかは，子どもの動きの表現の発達段階を踏まえて，イメージの広がり・深
さと表現的な動きの開発の両面から考えます。同じ題材での表現を繰り返し行
うときには，しだいに表現内容を深化していくように計画します。たとえば
「動物」を題材にして表現活動を行う場合，経験の浅い段階では，テーマを
「動物の行進」として「象─りす─蛇─鳥─きりん」など，いろいろな動物に

135

第Ⅱ部　実践にみる身体表現の力

写真6-3　いろいろなお花（3歳児）

写真6-4　象さん（4歳児）

写真6-5　二人で鳥（4歳児）

写真6-6　木とお花のダンス（4歳児）

なって歩いたり走ったり跳んだりすることを内容とし，経験を積むにつれて「象さん」がお散歩—鼻でバナナを採る—水浴びをする—鼻と鼻でひっぱりっこ，など1種類の動物の多様な行動を子どもたちがいろいろな動きで表現できるような内容を設定します。

題材の内容の深め方の目安は，経験の浅い段階ではいろいろな種類を広く浅く，経験を積んだ段階では1種類を多面的に深くというのが原則です。

② イメージのふくらませ方

1つの題材に対して，子どもたちがイメージをふくらませることが，豊かな動きの表現の前提となります。保育者は実際の動きの表現の活動の前に題材に

ついて子どもたちとイメージづくり[(1)]をします。

　イメージづくりの方法は大きく分けて，他の活動による間接的なイメージづくりと，直接的な刺激によるイメージづくりの2つがあります。

　前者は動きの表現以外の様々な活動を行う中で，その題材に対するイメージを広げふくらませる方法です。具体的には，実際に体験する，絵本を読む，図鑑で調べる，飼育や観察をする，絵を描く，製作をする，歌を歌うなどがあります。このように動きの表現の題材のイメージづくりには，幼児の毎日の生活での体験が深く関係しています。

　後者は，動きの表現の活動の中で，直接的にイメージをふくらませる方法です。具体的な刺激としては，音，図形，物などがあります。たとえば，保育者が実際に風船をふくらませ徐々に大きくなっていく様子やふくらんだところで手を離し風船がシューっと飛んでいく様子，とがったものに触れてパーンと割れる様子などを観察させる，また，稲光の鋭い感じを捉えるために，ジグザグの図形を示し，その図形を腕全体でなぞり，たとえば「ピカーピカピカピカー」と音で読み取らせてから，動きで表現するというように，音や図形や物を使ってイメージをふくらませることにより，幼児は新鮮な捉え方を示し，興味をもって動きの表現の活動を持続することができます。

（3）表現的な動きの開発

①　動きの対立要素の働き

　表現的な動きの開発の原理は，対立要素（図6-1）にあります。動きの対立要素とは，運動の成立要因である時間性，形態性（空間性），力性について，遅速，大小，曲直，高低，強弱などのように両極に位置する反対の性質を意味します。この相反する性質を有する動きをつなげることにより，動きは変化に富み，子どもたちもその変化の大きさによってもたらされる表現感の新鮮さや面白さに興味をもって活動を持続することができます。

　子どもは，動きの表現の中でアクシデント，たとえば，「蛇さんが木を登っています。ニョロニョロニョロ……あっ，おっこちゃった！」というような動

第Ⅱ部　実践にみる身体表現の力

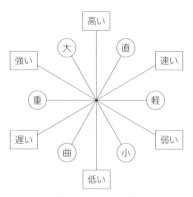

図6-1　対立要素

きを好みますが，ここにも対立要素が生きています。突然異なる展開をもたらし，雰囲気が変わる言葉が入ることが刺激になりイメージが広がり，楽しい表現となります。

　実際の指導においては，この対立要素に加えて，歩く，走る，四つんばい，這う，跳ねる，転がるなど，どのような移動運動が主となるかを予測し，表現題材とその配列を考えることが必要です。たとえば，幼児に興味がある「動物」では，対立要素と主となる動きを考えて「象─うさぎ─蛇─ワシ─きりん」という配列を好ましい例としてあげられます。「象──大きくてゆっくり力強く歩く，うさぎ──小さくて軽やかに跳ねる，蛇──腹ばいになって曲線的に這う，ワシ──大きくてゆっくり腕を動かしながら走ったり飛んだりする，きりん──身体を細長くして背伸びで歩く」というように対立的な性質を生かしての配列で幼児たちはそれぞれの動物の特徴を捉え，動きを切り替えて次々と別の動物を表現することができます。

　このように対立要素の活用が表現的な動きの開発において核となります。次に表現的な動きの具体的な開発方法を3つ紹介しましょう。

②　表現的な動きの開発方法

1）　基本的な動きからの開発

　歩く，走る，跳ぶなどの人間の基本的な動きに，運動の成立要因であるスピ

138

ードや力の変化のさせ方（漸次的——徐々に変化させていく，急激的——急激に変化させる，持続的——同じものを持続する）を変えることによって，日常的な動きから様々な表現性をもつ動きへと変化します。たとえば，「走る」では車になって徐々にスピードをあげて走り（漸次的）⇒赤信号で急ブレーキで止まる（急激的）⇒青信号で走り出し山道へ入ってカーブやでこぼこ道を走る⇒駐車場にバックで車をとめる，というようにすると，速さの異なる走り方，直線的，曲線的に走る，からだの上下動をともなって走るなど，いろいろな走り方での表現を体得します。

2）　複合的な動きや動きの連続の開発

動きの表現の活動を積み重ねるにつれて，「回りながらジャンプする」（木の葉が散る，とんぼの宙返りなど）といった2つの動きがかけ合わさった複合的な動きや，「ジャンプしてから滑り込む（岩にぶつかり砕ける波，打ち上げ花火など）」といった2つ以上の動きを連続して表現するようになります。後者の連続しての動きでは，すでに述べたように対立要素の効いた動きの連続が表現感を生みます。

3）　身体の部位の意識からの開発

全身での動きに加え，身体の部位を意識して動きを探求することにより，さらに幅広い表現的な動きを身につけることができます。足，背中，頭といった大きい枠組みを意識するところから，発達にともない，肩，膝，足首など部位を細かく意識することができるようになります。"シャボン玉がおへそからふくらんできた—足から—手から—背中からふくらんできた"というように身体の部位を意識することで動きが変化し，身体のあらゆる部分を生かしてイメージにふさわしい動きを工夫できるようになります。

③　身体発達に沿った対立要素の活用

幼児の身体的発達を考えたとき，年少児は，身長に対する頭の大きさの割合が大きく，また脚力も十分でないので，「走って急激に止まる」といったスピードの変化はふさわしくありません。まずは，大きい—小さい，高い—低い，力強い（例：ドンドン音をたてて走る）—弱い（例：音をたてないで走る）など，形

第Ⅱ部　実践にみる身体表現の力

表6-2　大男と小人さん（3歳児）

【ねらい】入園後初めての動きの表現。思いっきり大きくなって音をたてて歩いたり，思いきり小さくなって音をたてずに歩くなど，〈大―小〉の対立要因が明確な動きを体験し，表現感を味わう

時間	指導内容（言葉かけ）	幼児の活動
1分 ｜ 3分	○今日は大きくなったり小さくなったりして遊びましょう ○「大きな太鼓・小さな太鼓」のお歌を先生が歌うから，太鼓をつくって叩きましょう（その場で）	○伸び上がって大きな太鼓をつくる―足音も立て（ドーンドーン）と全身で大きく叩く・からだをまるめて小さな太鼓をつくる―指先で（トントントン）と軽く叩く
6分	○大男と小人さんになって遊びましょう ①大男がやってきた（ドスンドスンドスンドスン） 　repeat　＊言葉かけしながら，子どもと動く ②今度はかわいい小人さん，（チョコチョコチョコチョコ）repeat ③今度は脚の長～いのっぽさん（スイスイスイスイ）repeat ④また，小人さんがきました（チョコチョコ） ⑤たくさん大男と小人さんがやってきました。みんな好きな大男や小人さんになりましょう 　＊教師は動くのを止め，子どもの動きをみながら，次々と動きを変えていけるように（ドスンドスン）（チョコチョコ）（スイスイ）などのことがかけをする ⑥段々暗くなって夜になっちゃった。お家へ帰ってきて。お休みなさ～い	①保育者の動きを真似て，全身の力を入れてドスンと床を踏みしめるように歩く ②からだをまるめてしゃがんだ姿勢で，音をたてずにチョコチョコ歩く ③背伸びのまま，脚を少しあげて歩く ④からだをまるめてしゃがんだ姿勢で歩く ⑤自分の好きな大男や小人さんになって散歩する 写真6-7 　＊教師から次第に離れ，友達の真似をしたり，1人で動きを工夫し動く ・大男の格好を工夫したり，元気に足音をたてたり，逆に小人では足音をたてずに散歩する ⑥保育者のところへ集まってきて横になってお休み

注：日頃の活動時間は，動きの表現に初めて出会った年少児では，興味の持続，集中力を勘案して10～15分程度から始めます。

態性と力性に関する対立要素を生かしての指導（例：「大男と小人さん」「大きな太鼓と小さな太鼓」）により，子どもから動きを引き出すようにします（表6-2，写真6-7）。

　年少児でも入園半年後くらいには，スピードの変化にも次第に対応できるようになり，年中では急発進―急停止での表現を楽しむようになります。年中，年長と身長が伸び，頭の大きさは相対的に小さくなり，腕や脚も長くなり，脚力もついてくると自分のからだをコントロールできるようになり，それまでの

第6章　幼児期の身体表現

写真6-7　大男と小人さん（3歳児）

手足中心の動きから，体幹をねじったり，身体の部位と全身での動きができるようになります。このようになると対立要素の生きた動きを工夫し，友だちとつないだ腕をくぐるなど，お互いの身体を利用しての動きの工夫も楽しめるように指導することがふさわしい時期となります（132頁：写真6-2，写真6-8）。

（4）言葉かけと発話

①　擬音語・擬態語の活用

　上手な言葉かけは，イメージや動きを引き出すために必須です。また，必要に応じて言葉かけに加えて，音楽を流したり，ハンドドラムを叩いたり，身近な材料を使ってつくった音（例：缶に小石を入れて振る）を使ったり，というように効果音を活用することは子どもたちのイメージを広げ，動きを引き出すことにつながります。

　言葉かけでは，イメージと動きを内包する擬音語・擬態語は有効で，舞踊（動きの表現）の指導で広く使われています。

　本章で紹介する表6-2と6-3の指導案は，次節の指導事例で取りあげる幼稚園で実践されているもので，言葉かけに擬音語・擬態語が多用されています。この指導案は，その園の保育者が共有しているものですが，実際に子どもと活動するときには，それぞれの保育者が子どもの状態を勘案しながら指導内容も言葉かけも工夫をしています。

第Ⅱ部　実践にみる身体表現の力

写真6-8　折り紙（4歳児）

　その工夫の一例として「雨降り」を実践した保育者が語った，言葉かけと発話の工夫(2)を以下に紹介します（【　】内は筆者による）。

　工夫①　【子どもから出た言葉を生かす】
　　　子どもにお部屋で「雨が降って水たまりができるでしょ。そこに雫が落ちると，輪っかがわあああーってできるよね。音つけるならどんな感じ？」って聞いてみたんですね，そしたらホワワワワ～ンって言ったり，ペシッとかシュベーとか面白い擬音語が出てきて，あっ，私なんかポツッとか……うーん，固定観念と言いますか，…そういう感じよりも，子どもがそんな風に聞こえるっていう音で，やってみました。子どもはこれもー！　これもー！　みたいな感じで，うわーってにぎやかになっていたんですけど楽しんでやってたのかなあって感じました。
　工夫②　【発話の工夫】
　　　嵐のところではザァーって大きい声で言ったりとか，ビューってスピードア

第6章　幼児期の身体表現

表6‒3　雨降り（5歳児）

【ねらい】全身を大きく使うことに加えて身体の部分を生かし，雲のやわらかさ，稲光の鋭さ，ポツポツ雨，激しい雨などいろいろな雨の降り方を工夫して表現する		
時間	指導内容（言葉かけ）	幼児の活動
1分 5分	○今日のお天気や，雨降りについて話し合い 　・今日はいいお天気で，雲の子はどこかに隠れちゃいました 　・あっ，空が黒くなってきました。雲の子です ①（モクッ，モクッ，モクモクモクモク）repeat ②ポツッ，ポツッ，雨が降ってきた！ 　（ポツッ，ポツッ，ポツン，ポツン）repeat ③乾いた地面にしみ込んじゃう 　（ポツン・シュー〜〜ン）repeat ④段々たくさん降ってきた（ザアザアザアザアザアザア，ザアー） ⑤風も吹いてきた（ゴーゴーゴ〜〜） 　（ザアザアザアザア，ゴーゴーゴー） ⑥（ゴロゴロゴロゴロ）雷だ！（ゴロゴロゴロゴロピカーッピカッ） ⑦弱い雨になりました（サーサーサー） ⑧お日さまがでてきて，雨の子は水蒸気になってお空に帰ります（ゆ〜らゆ〜らゆ〜ら）	○どんなところにどのように雨が降るかなど，発言 　・部屋の隅に隠れる ①腕を広げながら，段々大きく伸びあがったり，脚をあげて泳ぐような動き。中位の高さで横に広がるなど ②（上から落ちるように跳んでしゃがむ）いろいろな跳び方，落ち方で ③跳んで一床にしみ込む動き ④両腕をグルグル回しながら走る，大きくなったり小さくなったりしながら走る，ジグザグに走る　など ⑤雨の子と風の子に自然にわかれて，風に吹き飛ばされるように低い姿勢から回りながらのジャンプ　など ⑥からだをまるめて足音をたてて踏む一大きく身体のどこかがとがったジャンプ ⑦音のしないジャンプや伸び縮み ⑧下から揺れながら伸びあがっていく
15〜 20分	★いくつかのシーンを取り出して表現を深める ★子どもたちとイメージを出し合い，いろいろなところに降る雨やいろいろな雨の降り方，稲光などの表現を子どもたちが工夫	 （実例）・水溜りに降る雨と水溜りの波紋 　　　　・窓に打ちつける雨 　　　　・葉っぱに降る雨 　　　　・水溜りをダンプカーが走ると？ 　　　　・友だちと虹になる
数分	◎最後に★も取り入れての表現 　雲・いろいろな雨・台風・雷・水蒸気 or 虹という運びを保育者が提示。その流れにそって子どもたちは自由に表現する	◎1人で，友だちと一緒になど，自分たちでみつけたいろいろな動きで表現を楽しむ

注：経験を積み重ねるにつれ，題材によっては40分，50分と仲間たちと次々とイメージを広げ，動きを工夫していきます。そしてこのような毎回の活動の中で表現したシーンをストーリーでつないで，1つのまとまりのある表現とすることができます。

143

第Ⅱ部　実践にみる身体表現の力

ップして言ったりとか，あとは雲の，どんよりした雲と，最後晴れた雲で声の
重さを変えたりしたのが，イメージしやすかったのかな？　って思います。

工夫③　【子どもの動きと発話】

　ポツポツの雨をやったときに，ポツンポツンではなくて，こう，ちょっと跳
ねる，ポのあとの，ツのため具合を変えたときに，音がどっすんって鳴るくら
い跳ねた子がいたので，同じポッツンなんですけど，今日の場合はためてみた
ので，その切り方が成功したというか，伝わりやすかったのかなって，動きを
見て思いました。

工夫④　【発話の際の保育者のからだ】

　言葉だけじゃなくて，顔も，ちょっと怖そうにしてみたりだとか，全身で弾
んですごく楽しそうにしてみたりだとか，ちょっと言葉だけじゃなかなか伝わ
らないところもあるので，身振り手振りとか，表情とかも気にかけています。

　工夫の1つに，事前に子どもたちと題材について話し合い，擬音語・擬態語
を子どもたちと共につくるというのがあります（工夫①）。擬音語・擬態語は感
性が反映した言葉であり，保育者は子どもの感性と気持ちを大事にして，指導
においてその言葉を使っており，動きの表現の活動の準備段階から子どもと保
育者の協働は始まっています。

　実際の指導においては，どのような擬音語・擬態語を用いるかということと
同時に，保育者の工夫②③のようにそれらの言葉をいかに発話するか——声
の大きさやトーン，アクセント，抑揚など——に注意を払うことが大切です。
同じ擬音語・擬態語でも実際にどのように発話するかによって，子どもたちか
ら出てくるイメージや動きは変わってきますが，それはこの発話には生気情動，
情動調律といったことが大きく関係しているからであり，このことについては
第3章で取りあげました。

　②　発話にともなう保育者のからだ

　そして，このような発話の工夫に加えて，工夫④にみられるように，保育者
は突っ立ったままで言葉かけをするのではなく，言葉かけに応じてちょっとし
たからだの動きや姿勢，表情も変えています。動きの表現での情動調律は，保
育者の発話だけではなく姿勢や動きからも生じています。

144

第6章　幼児期の身体表現

写真6-9　いなびかり（5歳児）

　たとえば，子どもたちが，雷が鳴り稲光がする様子を表現するときに，保育者はハンドドラムを叩きながら「ゴロゴロゴロゴロピカーッ」「ゴロゴロゴロゴロピカーッピカッ」といった言葉かけをします。その時，声の大きさ，どこにアクセントをつけるか，どのようなリズムで発話するのかにともなって，保育者のからだは自然にまるまって足を踏み鳴らしながら「ゴロゴロ」発話し，「ピカーッ」「ピカッ」の発話の瞬間にはまるまったからだを大きく開いたり，ハンドドラムのバチで切るような動きがともなっています（写真6-9）。
　突っ立ったままでは口先だけの発話にとどまり，その言葉かけは子どもたちの心に響かず，子どもたちの動きは中途半端なものにとどまります。それに対し，言葉かけに応じた姿勢や動きをともなっての発話は，全身から放たれるリズムに満ちた言葉かけとなって，子どもの動きにもそのリズムが息づいています。このように，動きの表現の場においては，姿勢や動きも含めて擬音語・擬態語などの言葉をいかに発話するのかが，子どもと保育者間の情動調律に深く関係しています。
　したがって，動きの表現の指導にあたっては，言葉かけに用いる擬音語・擬態語などを十分に準備する必要があります。さらに，声の大きさ，アクセント，スピード，トーン，リズムなどに加えて，発話の際の姿勢や動きも事前に考えておくことが必要です。動きの表現の指導経験が浅いうちは，考えるだけでな

第Ⅱ部　実践にみる身体表現の力

く，事前に実際にからだの動きもともないながら発話の練習をすることも必要
です。指導の経験を重ねるうちに，子どもたちの動きと呼応した自然なからだ
の動きの中で発話ができるようになり，そのとき子どもと保育者の間には情動
調律が生じ，子どもたちと気持ちの通った動きの表現を展開しているのです。

<h2 style="text-align:center">3　幼稚園での実践</h2>

（1）道和幼稚園での動きの表現の背景

　筆者らの動きの表現の実践の場は，神奈川県平塚市にある道和幼稚園です。
道和幼稚園は，三位一体（子ども・保護者・教職員）の教育を基盤に，設立当初
から言語，動き（からだ），音楽，絵画などにより，自分を表現する力を育てる
ことに力を注いできています。

　身体による表現について，自ら感じ考え動くことで，より生き生きと自分を
表現する子どもの姿に設立者夫妻が触発され，徐々に子どもの発想を生かした
動きの表現を実践するようになりました。当初から担任の保育者の指導に加え
て，筆者がひと月に1，2回子どもたちを直接指導しています（数年前からは
本書執筆者の鈴木も指導）。およそ10年を経過した頃には日頃の成果を柴（柳沢）
紘子元園長と筆者で『動きの表現——想像から創造へ』（柴・柴，1981）にまと
めました。このような環境で働く歴代の教職員は，自らの学生時代に「動きの
表現」を経験していない保育者であっても，設立者夫妻の幼児教育への深い理
念の表れの1つが「動きの表現」であることを理解し，自分自身の感性や創造
性を磨きつつ，子どもたちと動きの表現に取り組んでいます。そして，年度末
の公立ホールのステージでの「動きの表現発表会」は，日頃の動きの表現活動
で積み重ね培った様々な力が反映した発表の場となっています。

　そこで，道和幼稚園で行われている動きの表現の活動から，1年間の活動の
まとめである発表会の活動を事例として取りあげます。

第 6 章　幼児期の身体表現

（2）「動きの表現発表会」の取り組み

①　保育者へのインタビュー

　1 年間の動きの表現の活動のまとめとして年少，年中，年長児から 1 クラスずつ「動きの表現発表会」での活動を事例として取りあげ，一連の活動について，担任へのインタビューを実施しました。発表会のテーマは，年長組は「おいしいスイートポテト作り」（表 6 - 4），年中組は「雪の世界」，年少組は「ゴーストハウスへようこそ」という題材で，それぞれのクラスにおける子どもたちの興味に沿って決められています。インタビューは，筆者がインタビュアーとなり，3 人の担任に対し，1 人ずつ実施（45分程度）しました。

　インタビューでは，毎日の幼稚園での様々な活動と関わりながら，子どもたちと動きの表現をつくりあげていく様子が生き生きと語られています。保育者の生の言葉から，子どもと保育者にとっての動きの表現の意味，そして身体表現の力を感じとっていただきたいと思います。

　なお，語られた内容は質・量共に充実しており，紙面の都合上，インタビュー全体を掲載することはできませんので，掲載対象は年長組の担任とし，省略しても意味を失わない箇所については（中略）としました。また，語られた内容のうち主要な箇所には破線を引きました。

〈発表会のテーマを決める〉

　子どもたちからこんなことをやってみたいんだなっていうのが本当にたくさん出てきて（楽器作り，ロボットの世界，パン作りなど），（中略）それを順番に子どもたちと動きの表現を重ねていったときに，同じ動き，似たような動きしか出てこないことだったり，実際にパン作りをしていないので，うまく想像ができなくて，伸びるにしても，子どもたちの中でゴムのような伸び方しか出てこなかったり，そこら辺が難しいなっていうのもありました。しかし，何か作りたいっていう気持ちが，子どもたちの中で多かったので，それなら実際に作ったことのあるスイートポテト作りなら，もっともっと新たな動きが出てくるのかなと考え，スイートポテト作りにしました（表 6 - 4，解説参照）。

147

第Ⅱ部　実践にみる身体表現の力

表6-4　おいしいスイートポテト作り（5歳児）

解説：10月に自分たちで掘ったお芋でスイートポテト作りをしました。それから料理をすることに興味をもちはじめたさくら組の子どもたち。スイートポテトの作り方を忘れないようにクラスで大きな紙に書いて飾ったり，固いお芋がどのように柔らかいスイートポテトに変わっていくのかを話しあってきました。子どもたちからたくさんのアイデアや動きが出てきたことでクラス全員で表現をつくりあげることができました。それでは，子どもたち一人ひとりの動きやお芋の変化に注目してご覧ください。

出演・指導：さくら組（平成28年度）・萩田真衣（さくら組担任）

運び（ナレーション）	動　き
①お山でとれたお芋を使ってスイートポテトを作ります［ゴロゴロゴロゴロ］repeat 　・土をはらって［パッパッパッ！］repeat 　・［ゴロゴロゴロゴロ］repeat	①舞台両袖から転がりながら舞台にでてくる 　・立ち上がり，からだを振る，叩くなど 　・再び転がり，集まる
②次はお水でよく洗います。水道をひねって［サラサラサラサラークルッ］repeat 　・まだまだお芋がたくさんあります「サラサラサラサラークルッ」repeat 　・お水の勢いで土がどんどんとれていきます	②男児…一列で水になって流れだし，女児のお芋の間をすりぬけるように走り，お芋を洗う 女児…お芋のポーズ。お水にクルクル回され洗われる 　・男児と女児　役割交替 　・全員が水になり揺れる
③包丁でお芋を切っていきましょう・［ザク！ザク！　ザク！　ザク！］repeat	③2人組でお芋と切る人になり，お芋はザク！と切られるたびにからだの形が変わって小さくなっていく　　　・役割交替
④切ったお芋をゆでましょう。お鍋にいれて沸騰させます［ポコッポコッポコッポコッ］repeat ［ポコッポコッポコッポコッ］repeat	④中央に集まり伏せる。泡になって大きさの違うジャンプ 　・6人で縦一列になり，1人ずつ順番にジャンプ（鍋から泡があふれ出すイメージ）
⑤柔らかくなったお芋をつぶします［ギュッギュッギュ～！！］	⑤大きなお芋のポーズから，からだの形を変えながら縮んでいき床に伸びる
⑥バターやお砂糖を入れましょう 　・まずはバター［ジュワ～～］ 　・次は砂糖［サッサッッ！］repeat 　・最後に牛乳。材料とお芋が混ざっていきます	⑥立ちあがり，1人ずつ材料の動き 　・溶ける 　・からだを左右上下に振る―止まる 　・友だちと大きくなったり小さくなったりしながら回る。捻ったり跳ねたりしながら中央に集まる
⑦アイスクリーマーですくってカップに入れていきます［すくって～ポン！］×5回 　・まだまだたくさんあります（バター―砂糖―混ぜるを，それぞれ短くつなげてrepeat）・それではカップに入れていきましょう［すくって～ポン！］×4回	⑦大きくすくう，ポンでスイートポテトのポーズ 　・5人組で，溶ける―振る―捻じったり，回ったりの動きを繰り返し，いろいろな形のスイートポテトのポーズ
⑧さくら組のスイートポテトのできあがり。みなさんもお1ついかがですか	⑧「いかがですか」で，5人組でのスイートポテトのポーズ

注：スペースの都合上，群構成（隊形）を図示できません。また，音楽・照明についても記載はできませんでしたがそれぞれのシーンにふさわしい音楽と照明を使用しています。

148

第6章　幼児期の身体表現

〈表現の内容，流れを決める〉

　まずは作り方から子どもたちに思い出してもらおうと思って，どういう風に作ったか，黒板に全部書き出しました。子どもたちから大きな紙に書いて残しておきたいっていう意見があったので，画用紙を4枚つなげて大きくして，子どもたちは文字もやっと書きはじめたくらいの時期だったんですけど，一生懸命，スイートポテトの作り方1「洗う」とか，そういうのも全部書いて，折り紙でお芋を作ってみたり，葉っぱを折り紙で見立ててみたり，そういう飾りとかも全部して，作り方を全部子どもたち自身が意識できるようにしました。

　お芋をつぶすときにこした方が，実際なめらかな動きがもっと出ると思い，やってみましたが，道和ではこしていないので，子どもたちの動きが広がっていきませんでした。逆に，普通，スイートポテトを作るときにはアイスクリーマーは使わないと思いますが，道和ではアイスクリーマーですくって作ったので，道和での作り方をできるだけ忠実に表現したいと思い，それを取り入れたところ，子どもたちはしっかり表現していました。（中略）本当に見てる物と，想像の物，いくら話をしたりしても動きの広がり方が違うなっていうのはすごくわかりました。

〈動きや構成の工夫〉

　（Q：たとえば沸騰するところも，全員で沸騰したところから1列になって一人ひとりが煮えていったりだとか，いろんな構成がありましたが，そういった構成は先生が考えたのですか？）

　子どもたちは沸騰しているのを実際にみてはいるんですけど，危険なので覗き込んだりはしていなかったので，おもちゃのお鍋があるので，「お水を入れて火をかけると，お水がポコポコしてくるんだけど，そのポコポコが大きくなったらどうなっちゃうと思う？」っていう話をしたときに，「こぼれちゃう」とか「あふれちゃう」とか，そういう話が出てきたので，それなら構成としては，（中略）「真ん中に最初みんなで集まって，お芋が沈んでいる状態をイメージして，そこから火にかけたときに，ちょっとずつちょっとずつポコポコポコポコしていって盛り上がったところで，お水があふれ出す，吹きこぼれるようなイメージでポコポコポコポコしてきて（中略）次から次へと泡が出てくる，10個の泡が一斉にボッって出てくるんじゃなくて，ちっちゃい泡がポコポコって出てくるよね」っていう話をしたときに，子どもたちから「順番でやったらどう？」っていう話が出てきて，最初2人でポコッポコッってそういう動きが出てきて，「双子ちゃんみたいだね，泡の双子ちゃん

149

第Ⅱ部　実践にみる身体表現の力

みたいだね」って言っていたんですけど，いろいろみんな他の動きをしていて，最終的にああいう列になるのは，こちらから「列になって，順番にやっていったら，本当にお鍋から泡が出てくるみたいだね」っていう話をして，「じゃあそうしよう」っていう流れで構成はできあがりました（写真6-10，6-11，6-12参照）。

（Q：年長さんになるってすごいですね。）

すごく話し合いは大切にしてきましたね，表現を創るうえで。基本的に全部の動きは子どもたちから出せる力はあると思ったので，全部話をして，「ここがもうちょっとどうにかなったらいいんだけどな」って話をしたら，「どうしようかな。こうしてみようかな」とか，結構いろいろ出てきたので，そこら辺は楽しかったですね。

（Q：他にも子どもたちから出てきた構成はあるんですか？）

ゴロゴロゴロ，一番最初の土を払ってパッパッパッっていう動きは，本当に採れたてのお芋って，土からボッって出てきたときって土がモサッっとついてる，それを最初は子どもたちは振ったんですよね，ポンポンポンって振って，その時に砂がバサバサバサバサって落ちてきたのをすごく見てた子がいて，「パッパッパッって振ったら，パラパラパラパラ砂が落ちてきたよね」っていって，（中略）「土ってお芋さんのいろんなところから落ちるから，そこら辺をよく思い出してみて」っていう話をして，ゴロゴロゴロゴロするのも，最初は私が提示したのは，「みんないろんなところにいて，いろんなところにゴロゴロしてきたらいいんじゃない？」っていう話をしたんですけど，畑の畝って列になってるんですよね，子どもの「お芋さんは列になってたよ」っていう話から，「じゃあ両端からゴロゴロしてこようか」っていう話になって。

（Q：体験ってすごいですね。）

はい。なので正直，大人の考えで子どもたちに勧めてしまうこともありましたが，「いやいや先生！」なんていうこともあったので，子どもたちに教えてもらったことがたくさんありましたね。

（Q：その過程で何かうまくいかなかったことなどはありましたか？）

お芋作りでは，盛り上がるシーンっていうのが難しいなと思っていて，作る過程のものなので，できあがるところに盛り上がりをもっていくべきなのか，年長さんらしく格好よくしたいところもあって，そういったときに，どこに盛り上がりをもっていくか，どこが子どもたちが一番楽しんで行えるかっていうのを考えて，最初はお芋をつぶすシーン，ギュッギュッギューって，2列になってつぶしていくとこ

150

第 6 章　幼児期の身体表現

写真 6‐10　お湯がポコッポコッわいてきた（5歳児）

写真 6‐11　沸騰するお湯（5歳児）

写真 6‐12　お鍋の中のお芋

第Ⅱ部　実践にみる身体表現の力

ろで盛り上がりをもってこようかと思ったんですけど，動き的に下に力を向けるシーンなので，どうしても開放的にならない，わっと盛り上がりが出ないなと思って，どこかで開放的な動きをもっていきたいなって考えたときに，バターや砂糖に牛乳を入れて混ぜるシーンで，1人ずつ前に出てそれぞれの得意技というか，好きな動きをして，回っていくっていうシーンを思いついて（これは動きに焦点があたり，表現と離れてしまうんですけど）（後略）

〈子どもの変化〉

　（Q：発表会に向けた活動を通して，子どもに何か変化を感じましたか？）

　運動会の表現では，シーンや筋は教師が決めて，子どもたちが動きを工夫するものでした。発表会に関しては子どもたちの発想が形になっていくものだと思うので，「たくさん発言をしましょう」ということを子どもたちにずっと伝えていたことで，発表会が終わった後の話し合いだとか，遊びの中でも「こうしたら面白いかもね」とか，「こうしたらいいんじゃない？」なんていう言葉がすごく増えて，発想力というか考える力っていうのは，この発表会を通して増したのではないかと思います。

　保護者の方に，発表会の前とかも，「この意見とこの動き，A子ちゃんが考えてくれたんですよ」とか，「話し合いでこんな発言してくれたんですよ」とか，そういうことはつねに話をしていたので，「あそこはすごく自信もってやってます」っていうところも，保護者の方もきっと見てくださってたと思うので，終わった後とかも，「家で何度も見てたけど，舞台の上が一番いいね」なんて声も聞いて，一番力が出せたと思いましたね。

　終わった後にお客さんに「すごかったね，良かったね」なんていう風に言われていて，それもすごく自信につながっているなとは思えました。

〈日頃の動きの表現の活動と，発表会の表現の取り組み〉

　（Q：日頃の動きの表現の活動と，発表会の表現の取り組みとで，子どもの行動に何か違いはありましたか？）

　ふだんやっている表現は，人にお見せするものではなく，自分たちが楽しく表現をするっていうことを大事に行っているんですけど，発表会は人に見られる，お客さんがいてというところもあるので，構成とか表情とか，指の先とか，そういうところまですごく意識して，だんだんふざけてきてしまうところも，「人に見られる

第 6 章　幼児期の身体表現

写真 6 - 13　バターがとろ〜り

のに」っていう話をしたら，子どもたちも「そうだった，お客さんがいるんだ，お母さんが見るんだ，お父さんが見るんだ」っていうのを意識したことで，きれいな表現（注：全身での動きと身体の部位を生かした動き）っていうのを子どもたちも考えてやれてたんじゃないかなとは思いますね。表情がすごく豊かになった気がします。ふだんの表現よりも，たとえばギュッギュッギューのところでお芋役の子を見ると，そこに集中してつぶす顔をしてたりとか，バターのとき（写真6-13）も本当に溶け出すような顔，表情をしていたりとか，「この子こんな表情するんだ」っていう発見があったりもしたので。

　先生に見てほしいから新しい動きをするっていうのももちろん原動力としてはあるんですけど，そういう表情っていうのはあんまり意識してない子ほど出てたり，意識していないときに「あんな顔するんだ」っていうのがみられていたので，すごく自然に出てたものだなと思いました。

〈保育者の取り組み〉
　（Q：その他何か，発表会の取り組みの中で気づいたことや感じたことはありますか？）
　言葉かけの仕方とか，声のトーンとか，そういったことで子どもたちの動きがまったく変わることを痛感したというか，感じましたね。言葉でも，単純な言葉が多いんですよね。サクサクとか，ギュッギュとか，パッパッパッとか。それこそ年少さんがするような言葉かけだけれど，そこに力強さを入れたり，なめらかさを入れたりするのがちょっと難しかったなと感じているんですけど，ギュッギュッギュっていうだけじゃなくて，ギュッ！　ってしてみたりとか，サラサラサラってするだ

153

けじゃなくて，サラサラサラ〜ってしてみるだけで，本当に指の先まできれいにして
くれる子もいたり，単純な動きだからこそ，言葉とか，言葉かけの抑揚っていう
のは，とても大切なんだなっていうのは，4年目（注：幼稚園教諭歴）にして新た
に痛感しました。

　（Q：言葉かけについてフレーズの作り方とかがすごく素敵だなと思ったんですが，
それは子どもたちの動きをみながら言葉かけを考えられたのですか？）

　表現をつくり出すときに，最初，私もイメージをして，子どもたちに提案をした
り，言葉かけをしたりしますが，「こうしたいこうしたい」っていうのは子どもた
ちからの発想で，「じゃあどういう風にしていこうかな」ってなったときに，まず
お芋がゴロゴロしてたなっていう，まず私のパッと浮かんだ言葉ではあるんですけ
ど，でもそういう単純な言葉の方が，たとえばコロコロコロだとまた違う表現にな
っていたと思いますし，もっとたぶんちっちゃいお芋を想像してみんな動いていた
と思うんですけど，おっきなお芋がすごく多かったので，そういうところも私自身
も経験していることだったので，それはゴロゴロしてたなっていう，本当に言葉に
関しては私のイメージの言葉，浮かび上がってきた言葉ではありますね。

〈動きの表現の指導を通しての保育者の変化〉

　（Q：先生は大学で身体表現の授業を受けた経験はないとうかがっていますが，動き
の表現に子ども達と取り組んできて，ご自分が変わりましたか？）

　最初，この道和幼稚園に就職をして，表現をみたときに，「何だこれは？」って，
正直すごく驚いて，（中略）自分がいざ指導をするってなったときに，まず動き方
がわからないっていうのはすごくあったんですが，繰り返していくうちに，からだ
を動かすことが楽しいというか，自然に出てくる動きをもうちょっと意識すれば，
たとえば柔らかい動きになったりとか，雲がモクモクモクッとわいてくるといった
イメージが，自然に出てくるようにはこの4年でなったのかなとは思いますね。

　それから保育の中でも，からだの使い方がいろいろ出るようになったなとは思っ
ていて，動きの表現とかではなくても，すぐポーズが出てきたりとか，足をあげて
みたりとか，そういう動きとかも子どもたちを引きつけるための1つの手段として，
今使わせていただいてるんですけど，たぶん表現がなかったらしないんじゃないか
なとは思いますね。たとえば，今言ってた話し方も，表現とか声とか曲で子どもた
ちを動かせるというか，そういうものなので，実際クラスでも，同じような話し方
をすればシッっと静かになってくれたり，ワッと話せば，ダッってなったり（注：す

第6章　幼児期の身体表現

ばやく動く様子)，そこら辺はこの表現を通して，すごく自分に役に立っているなと
思います。

②　保育者の実感に基づく動きの表現の特性と役割

この年長組の担任と同様に，年少，年中組の担任も動きの表現発表会に向け
ての取り組みでの子どもの姿，担任自身の気づきなど多くのことを語っていま
す。そこからは，具体的な活動の中で捉えた動きの表現の特性と共に，年少，
年中，年長という発達による取り組みの相違も読み取ることができます。

そこで，3人の保育者の語りを，題材，動き，子どもと保育者の関わり，子
どもの成長，保育者の成長という観点から整理し，幼児期における動きの表現
の特性や役割を確認していきます。

• 題材・シーン・ストーリー

年少では日頃読み聞かせている絵本の主題であるオバケを題材に，いろいろ
なオバケへとイメージを広げ，実際に子どもたちといろいろなオバケの表現を
してみて，担任は子どもがイメージをふくらませやすく動きがよく出るものを
選択し，シーンとストーリーを決めていきます。年中，年長では，まず，子ど
もたちに表現したい題材があり，それら複数の題材で実際に表現してみて，子
どもたちの意見を聞きながら，題材を1つに絞り，シーン，ストーリーについ
てもいろいろなシーンの表現をしてみて，子どもたちに問いかけ，子どもと担
任で決めています。

• 動　き

年少では最初は担任である保育者の動きの模倣から始まり，次第に子ども自
身の動きになっていき，そうなると自信がつき，いろいろな動きを工夫できる
ようになっていく様子がみられます。しかし，年少では発表会までにオバケの
表現に飽きがみられ，それに対して保育者はオバケのイメージが広がっていく
ようにオバケの捉え方を変えることによっていろいろな動き方で表現できるよ
うにと指導を工夫しています。

年中，年長では，それぞれの題材に対するイメージを広げ，動きを生み出す
ための工夫として，折り紙で題材に関連するものを折ったり，実際の雪や氷を

155

第Ⅱ部　実践にみる身体表現の力

観察したり触ったり，おもちゃのお鍋でお湯をわかし沸騰する様子を想像しながら，どのような動きで表現できるか話しあったりというように，他の活動と結びつけての活動も行われています。そして，このような活動を通して考えた動きを，実際に動きながら，子ども一人ひとりで，また仲間と一緒に工夫してイメージにぴったりする動きをつくり出しています。担任の保育者は２人組やグループ分けを子ども一人ひとりの特性に照らして決めていますが，これは子どもの発達状態や個性をよく理解しているからこそできるわけです。どのような２人組やグループで活動するかは，第３章でみたお互いの創造性が十分に発揮されるかどうかに関わってくる大事な点です。

• 子どもと保育者の関わり

　このように，動きの表現をつくりあげていく活動のプロセスにおける子どもと保育者の関わりは，関わりの質，量共に年齢によって異なり，年少では保育者の主体性が前面に出て子どもとの直接的な関わりあいの時間的割合も高いのに対し，年中，年長と成長するほど子どもの主体性が前面に出て保育者との直接的関わりの度合いが減少します。しかし，そこでの保育者は子どもたちの気持ちに沿ってそこに存在することによって，子どもたちの表現の場を生成する一翼を担っており（第４章第３節参照），実はこれは保育者にとって大変重要な仕事なのです。

• 子どもの成長

　つくりあげた動きの表現の大舞台での発表を終えて，それまでの活動を通しての子どもたちの成長を，各担任は次のように捉えています。すなわち，年少は動くことに自信がつき自分からいろいろな動きを工夫できるようになり，年中の子どもは自分で考えイメージし表現できるように，そして年長の子どもは，発想力・思考力などが日常の生活でも発揮されるようになると。このような子どもの姿は，まるごとのからだで仲間と保育者と様々に関わりあいながら感性，知性，創造性といった力を少しずつ発揮できるようになっていることを意味しています。

156

第6章　幼児期の身体表現

• 保育者の成長

　大学時代に動きの表現に類する科目を学んでいない保育者は，道和幼稚園に就職して初めて子どもたちの動きの表現を目の当たりにし，自分の知らない子どもの姿に驚きます。そのような状態で，先輩の保育者の指導をみたり，指導案をみたりなど試行錯誤しながら動きの表現の指導を進めていっています。年少組の保育者は，「これで大丈夫かな」などと不安をもちながらであるにもかかわらず，子どもが生き生きと楽しそうに表現しているのをみて，自分も楽しくなり，それが自信になって返ってくることや，自分の言葉かけや動きに子どもが反応してくれ，自分も子どもの動きを捉えて言葉かけできるようになることに気づいており，子どもと一緒に成長できていて楽しいといっています。また年長組の保育者は，はじめは動き方がわからないものの，それでも指導を繰り返していくうちに，からだを動かすことが楽しくなり，動きもイメージも自然にでてくるようになったこと，そしてクラスでも表現のときのような話し方をすれば，静かになってくれたり，ダッとすばやく動いてくれたり，日常の保育に役立っているといいます。このように動きの表現の経験のない保育者は，はじめのうちはどうしていいか戸惑いながらも子どもたちと活動を積み重ねていく中で，子どもの姿に触発され，子どもを指導することが保育者自身を育てることでもあることを実感しています。ここには，子どもと保育者が共に育ちあう姿があります。

*

　さて，本章の冒頭に，幼児期の動きの表現が担う役割を述べました。多様な動きの体験と感性・創造性を育むこと，社会性を育むことを通して，「生きる力」の基礎を育むことが，その役割でした。事例を通して，その役割が，具体的にどのような場面でどのように遂行されているのかをみてきました。

　ここまでみてきたように，動きの表現の活動では，子どもと保育者，子どもと子どもが，質量ともに様々に関わりあう中で，子どもも保育者も感性，知性，身体性，創造性が磨かれると同時に，子どもは社会性も培われ，両者ともにそこで磨かれた力が日常生活に反映されています（写真6-14参照）。

第Ⅱ部　実践にみる身体表現の力

写真6-14　忍者（5歳児）

　まるごとのからだでの動きの表現の活動は，保育者や仲間との創造的な活動を通して，お互いの気持ちをわかりあい自分に自信をもち，生き生きと生きていく力を育んでいるのです。

注
(1) イメージづくりとは，そのものに対するイメージを広げ，ふくらませながら，題材のイメージを豊かに明確にしていくことを意味します。
(2) 年長3クラスの担任が「雨降り」で行った動きの表現を筆者らが観察し，終了後，担任にインタビューを行いました。
(3) 指導の場での擬音語・擬態語について筆者らは実践的に研究を進め，「フワッ，フワッ〜リ，フワフワ」や「ゴロゴロゴロ，ゴッロン，ゴロッ，ゴロン」などの言葉かけに対する3，4，5歳児の動きの特徴をみ，それぞれの擬音語・擬態語が特徴的な動きと結びつくことを（柴，1985），また，大学生を対象にした擬音語・擬態語の発話と動きの関係に関する実験では，たとえば「クルン」を「クル〜ン」，「フワリ」を「フワ〜リ」と，「ル」「ワ」を引き伸ばし抑揚をつけた発話に対して，滑らかな上下動のある動きで踊るというように，長音を抑揚をつけての発話と動きには一定の関係があることなどをみてきました（柴ら，1998）。

第7章

児童期の身体表現

1　児童期における身体表現の役割

（1）現代社会と「生きる力」

　私たちの生きる時代，世界は大変なスピードで変化しており，それにともない職業の在り方も大きく様変わりしつつあります。IT化が進んでも残る仕事，そして新たに生み出される仕事に必要とされる人の能力として，複数の研究者があげているのが創造性やコミュニケーション能力です。

　激しく変化する社会の中で，文部科学省からは，これからの社会を生きる子どもたちの「生きる力」をよりいっそう育むことを目指すという方針が示されています。「生きる力」は，1996年に中央教育審議会が「21世紀を展望した我が国の教育の在り方について」という諮問への第1次答申の中で示した考え方で教育の新たな目的としてあげられたことから，学習指導要領において「生きる力」が教育の方針となりました。

　先の答申によれば，「これからの子供たちに必要となるのは，いかに社会が変化しようと，自分で課題を見つけ，自ら学び，自ら考え，主体的に判断し，行動し，よりよく問題を解決する資質や能力であり，また自らを律しつつ，他人とともに協調し，他人を思いやる心や感動する心など，豊かな人間性であると考えた。たくましく生きるための健康や体力が不可欠であることは言うまでもない。我々は，こうした資質や能力を，変化の激しいこれからの社会を［生きる力］と称することとし，これらをバランスよくはぐくんでいくことが重要であると考えた」とされ，文部科学省では「生きる力」の3つの要素として

第Ⅱ部　実践にみる身体表現の力

［確かな学力］［豊かな人間性］［健康と体力］をあげました。そして確かな学力，豊かな心，健やかな体，すなわち，知・徳・体をバランスよく育てることが大切であるとし，それぞれの教科においても生きる力を育む教育が求められています。

（2）「生きる力」と表現運動系の活動

　さて，小学校では，身体表現に類する科目は体育の一領域に位置づけられている表現運動系（低学年では「表現リズム遊び」，中・高学年では「表現運動」）です。「生きる力」を育むために表現運動系にはどのような役割が期待されているのでしょうか。体育の一領域なので，体育という教科に含まれるすべての領域に共通する特性と，表現運動系に独自の特性を反映しての役割があることになります。その一端を体育の基本改善方針（平成20年）にみることができます。

　その基本方針は「体を動かすことが，身体能力を身につけると共に，情緒面や知的な発達を促し，集団的活動や身体表現などを通してコミュニケーション能力を育成することや，筋道を立てて練習や作戦を考え，改善の方法などを互いに話し合う活動などを通して論理的思考力を育むことにも資する」とされています。ここから表現運動系の学習は，集団的活動と共に，コミュニケーション能力の育成に資すると捉えられていることがわかります。また指導要領の各運動領域の内容をみると，表現リズム遊びは，即興的な身体表現能力やリズムに乗って踊る能力，コミュニケーション能力などを培う学習であり，表現運動は，互いのよさを生かしあって仲間と交流して踊る楽しさや喜びを味わい，自由に動きを工夫して楽しむ創造的な学習であるとされています。

　このように表現運動系の学習で育もうとしている「生きる力」は，先にみた，これからの社会に求められる力と同様，そのベースに創造性とコミュニケーション能力があることになります。本章では，児童期における創造性とコミュニケーション能力の陶冶が，実際に表現運動系のどのような活動を通して成し遂げられていくのかをみていきます。

160

2　小学校での実践

（1）成城学園初等学校における「舞踊」の背景

①　成城学園初等学校の理念と舞踊

　先にみた学習指導要領で示されているように，小学校では，表現リズム遊び
や表現運動の領域は体育の一領域である表現運動系として学習するのが一般的
ですが，本書でとりあげる成城学園初等学校では，体育とは別に舞踊の時間を
設け，舞踊専門の教員（筆者）が指導にあたっています。

　1917年に創設された成城学園初等学校では，感じる心，考え，創造し，表現
する力を養うため，一般の学校で行われている教科のほかに，「文学」「劇」
「映像」「舞踊」「遊び」「散歩」「読書」「英語」「特別研究」など情操教育・総
合教育に力点を置いた時間を特設しています。授業は学級担任がすべてを担当
するのではなく，各教科の専門教諭がそれぞれの授業を受けもつ専科制で行っ
ています。舞踊は，心を解放させ，動くことの楽しさを味わいながら，作品の
創作や観賞といった表現活動を通して，心身の調和をはかる目的で，1年生か
ら4年生の男女全員が週1コマ（45分）行っています。

②　成城の舞踊の基礎・基本

　成城学園初等学校の舞踊の基礎・基本には次の5点をあげており，これらは
授業の目標でもあります。

①　身体を通して表現する楽しさを知る。

②　身体と心の調和のとれた発達をうながす。

③　他者と協力，工夫し目標を達成する。

④　作品を発表する。

⑤　他者の踊ったものを観て応援し，感想を言えるようにする。

　これらの目標達成に向けて，舞踊の授業ではグループでの創作活動に多くの
時間をあてています。このグループ活動では，話しあいで友だちの考えを聞い

第Ⅱ部　実践にみる身体表現の力

表7-1　1時間の授業の構成例

	学　習　活　動
導入（10分）	・ウォーミングアップ 　（基本の動き，ストレッチ，2人組でのいろいろな動き）
展開（28分）	・課題の学習（先生と一緒） ・グループでの創作 ・みせあい
まとめ（7分）	・本時の振り返りと次回の予告

たり，自分の考えを伝えたりすることで，相手の気持ちを想像する力を身につけます。友だちのいろいろな表現に触れ，自分1人では思いつかなかったようないろいろな身体の使い方を体験することで自分自身のいろいろな感情を体験します。発表を前提とした創作活動では，観賞する人の気持ちを想像しながらつくり，友だちの作品を観賞すること，発表した友だちの気持ちを考えて感想を伝えることの大切さも学びます。

　そうした舞踊の様々な活動を通して，子どもたちは友だちとの関わり方を学び，相手と一緒に表現する楽しさ，相手に伝わる楽しさを体験しながら，創造力，コミュニケーション能力，表現力などを育みます。そうして身につけた力は舞踊表現に生きるだけでなく，日常の様々な場面でも発揮される力，すなわち「生きる力」となると考え，指導にあたっています。

　1年生から4年生まで，発達特性に合わせた内容で舞踊の授業を進めていますが，授業の基礎・基本は共通しており，舞踊の授業を通して子どもたちに身につけてほしい力も共通しています。

③　舞踊の年間計画と授業構成

　舞踊の授業は週に1回行っており，年間約30時間行います。1学期は1時間完結で約13回，2学期はおよそ3回で完結する簡単なグループ創作を3セット（約9週間分），3学期は全7回で発表会に向けてのグループ創作を行い，1年間のまとめとして年度末に舞踊発表会を行うという年間計画です。

　1時間（45分授業）の授業構成例は表7-1の通りです。

　導入では，リズミカルな動きや2人組でのいろいろな動きを行うことで心身

第 7 章　児童期の身体表現

表 7 - 2　発表会でのテーマと目標

学年	テーマ・人数	目　　標
1 年	粘土遊び 6 人グループ	様々な動きの体験，相手の動きの感じに合わせて動く面白さを学びながら，どんな表現もみんなに認めてもらえるという体験を通して，いわゆる"上手"でなくても表現をしていいのだ，表現をすることは楽しいと知る
2 年	遊園地の乗り物 9〜10人	グループのみんなで 4 つの乗り物を選び，みんなで 1 つのものを表現する面白さを知る
3 年	まわる・まわす 9〜10人	「まわるもの・まわすもの」を 3 つ選び，3 つの順序，作品のはじめと終わり，動きに変化をつけることなどを意識して活動し，ステレオタイプな表現を脱してもっとオリジナルの面白いやり方はないか，新しい表現を探求する
4 年	自然 9〜10人	対立要素を用いて動きに強弱をつけること，テーマに沿って作品全体の流れを考えることなどを特に意識して創作に取り組む

を解放させます。次に，展開では，まず教師と一緒にその日の課題について創作の手がかりとなる活動を行い，そののちにグループ創作へ移ります。グループ創作が終わると，今度はできたものをお互いにみせあいます。まとめでは，本時の振り返りをし，次回の活動への期待をもって終えるようにします。

（2）舞踊実践にみる子どもの発達

①　発表会に向けての学習

　1 年間の舞踊の授業のまとめとして，年度末に学習成果を発表する発表会をクラスごとに行っています。各学年の発表のテーマと目標は表 7 - 2 に示す通りです。

　各学年のテーマと目標は児童の発達特性に沿って設定しています。1 年生では動きの面白さを知ること，2 年生では友だちと一緒に動く面白さを知ること，3 年生では自分たちでオリジナルの動きをつくる面白さを知ること，4 年生では抽象的な表現をしたり動きにメリハリをつけたりできるようになることが主な目標です（写真 7 - 1，7 - 2，7 - 3，7 - 4 参照）。

　発表会に向けた授業の進め方は表 7 - 3 に示す通りです。

　グループ創作の際，教師は具体的な動きの指示をするのではなく，子どもた

163

第Ⅱ部　実践にみる身体表現の力

写真7-1　いろんな葉っぱ（1年生）

写真7-2　種（2年生）

写真7-3　大波（3年生）

写真7-4　花火（4年生）

表7-3　発表会に向けた1時間の授業の構成例

	学 習 活 動
導入（5分）	・ウォーミングアップ
展開（33分）	・グループでの創作 ・段階に応じてリハーサル，みせあい
まとめ（7分）	・本時の振り返りと次回の予告

ちから自発的にアイデアが出るように言葉かけをするようにします。子どもたちが出した動きのアイデアに擬音語・擬態語を使って言葉かけをしたり，対立要素を活かした言葉かけをすることによってより高度な表現を引き出すようにします。はじめのうちは教師の言葉かけをそのまま創作に取り入れがちですが，

第7章　児童期の身体表現

回を重ねていくと教師が少しの言葉かけをするだけでそこからいろいろにアイデアを広げ，自分たちの表現を見つけて創作できるようになっていきます。

②　学年ごとの活動と感想から

発表会を終えた子どもたちの感想や参観した保護者の感想をみると，こうした舞踊実践がいかに子どもたちの心身の成長につながっているかがとてもよく表れています。ここでは，2017年3月に行った舞踊発表会について，児童とその保護者の感想をみていきます。

1）　1年生の活動と感想から

《「粘土遊び」の活動》6人グループで，1人がリーダーとなり粘土をこねる役になる。リーダーのこねる動きに合わせて，他のメンバーは粘土になりきって動く。リーダーのこねる速さや向きに合わせて粘土を表現する。全員がリーダーになるよう順番にリーダーを交代する。

〈1年生児童の感想〉

○ママたちが，いっせいにカメラをとるから，とってもきんちょうした。だからいつもよりも，からだがうごかなかった。でも，ぶようはたのしいな。音がくにあわせると，からだがなんとなくうごいちゃう。なんてふしぎ。らい年もたのしみだなぁ。

○ふだんチームのみんなでれんしゅうをした力をだす日がきました。きんちょうもせずにとてもたのしくできました。ねん土をまるめるひょうげんをするとき力いっぱいまわりました‼　ねん土をのばすところもおもいっきりからだをのばしてみました。少しねん土のきもちがわかったようでとってもたのしかったです‼

○じぶんのでばんのとき，すごくドキドキしてました。だけど，やってみると，だんだんたのしくなっていきました。じぶんでは，すごくよくできたとおもってます。おわったとき，ままが「じょうずだったよ」といってくれたのでうれしかったです。みんなのを見ているとなんだかたのしいきぶんだったので，わたしたちのチームを見る人たちが，じぶんがみんなを見ているときのようにたのしんでくれてるといいなとおもいました。2年生のぶようはっぴょうかいでは，1年のときより，大人とこどもみんなが，「すごい！」っていってくれるはっぴょうをしたいです。

165

第Ⅱ部　実践にみる身体表現の力

〈1年生保護者の感想〉

○ただ踊りの型を覚えてまねるのではなく，自分達で考え，体を動かしながら，新しい表現を見つけてゆく授業の形，とてもすばらしいと思いました。普段はしないようなヘンテコでおもしろい体の動き，体で表現できることは無限にあることを知ることができているのではないでしょうか。さらにその表現をプレゼンテーションする。1年生の子どもたちには難しいと思われることを楽しそうにイキイキとしていました。本当に驚かされました。

来年の発表が楽しみでしょうがありません。

　1年生の粘土遊び活動は，粘土をこねる人の"感じ"に合わせて同じ"感じ"で動くことから始めますが，はじめのうちはリーダー役の児童と粘土役の児童の動きはあまりかみあっていません。しかし，回を重ねるごとにグループで一体感をもって動けるようになっていきます。そして，動きの感じを合わせることができるようになってくると，今度はリーダー役の児童があえて違うこね方をしてみたり，粘土役の児童が身体の他の部分を使ってその感じを表してみたりと表現に広がりが出てきます。これは，第4章第3節（2）で取りあげたスターンの情動調律にあたります。互いの情動を感じて寄り添うような〈共にある〉調律や，誤調律といった様々な情動調律を繰り返しながら，自分と友だちの心が調和したりズレたりすることを体験します。そうした体験を繰り返し，友だちとのコミュニケーションが豊かになっていくことで，子どもたちは自己肯定感を高めていきます。

　「みんなのを見ているとなんだかたのしいきぶんだったので，わたしたちのチームを見る人たちが，じぶんがみんなを見ているときのようにたのしんでくれてるといいなとおもいました」という児童の感想からは，舞踊を通して他者と感情を共有できるということに気づき，楽しんでいることがうかがえます。

　2）　2年生の活動と感想から

《「遊園地の乗り物」の活動》　9人または10人のグループで，テンポや拍子の異なる4曲から構成（筆者）した音楽を使って，4つの遊園地の乗り物を表現する。どの

166

第7章　児童期の身体表現

曲でどんな遊園地の乗り物をどんなふうに表現するかグループ全員で話しあって創作するこの活動では，それぞれが思い思いに動いて表現する1年生の活動の次の段階として，みんなで1つのものをつくる面白さを学ぶ。

〈2年生児童の感想〉

○れん習の時はふざけ合っていたけれど本番のときになったら，みんなで力を合わせられたからすごく上手にできました。おきゃくさんがいると，すごーく楽しかったです。はっ表のさい後のポーズで，女子がみんなでぐるっと一周している間に，男子は自分のすきなポーズをして，その後女子はまん中でりょう手をあげてきらきらポーズ。女子と男子でそう談してきめたことが，ばっちり上手にできたのがよかったです。自分たちで考えたことをはっ表するのが楽しいです。わたしはそんなぶようが大大大すきです！

○わたしたちのチームは，一番目にえんぎをしました。わたしはこう思いました。「一番目のえんぎだからもり上げないと」。わたしはそれを心のすみっこにおいておきました。わたしはえんぎがおわった後，すごくうれしい気もちでした。なぜかというと，ここのへやぜんいんの人がきょう力してくれたからです。わたしは今心の中がうれしいでいっぱいです。

〈2年生保護者の感想〉

○大好きな遊園地の乗り物に，乗る方ではなく乗り物そのものになりきる新鮮さ，楽しさを感じました。感情を身体全体で表現すると，あんなに生き生きとした表情になるのですね。とても楽しく拝見しました。同じゴーカートやメリーゴーランドでも，チームによって表現の方法は様々。それぞれの個性のすべてが正解であり，微笑ましく，「ああ，これが成城なんだな」とうれしい気持ちになりました。

発表会の途中でも，相手のお友だちを気にかける場面，大きな声を出してしまったお友だちには「しーっ」と仲間同士で合図を送る場面，1年前の舞踊発表会では見られなかった様子が見られて，この1年間の大きな成長を感じました。

1年生で友だちとの関わり，舞踊を楽しむ土台ができると，2年生では舞踊を心から楽しめるようになる反面，やってみたい，目立ちたいという気持ちが大きくなりすぎてグループで衝突が起きることがあります。話し合いのときにはケンカをしながらも2年生ではグループ全員で1つの乗り物を表現する活動

第Ⅱ部　実践にみる身体表現の力

写真7-5　コーヒーカップ

に挑戦することで，みんなで表現することの面白さを学びます。はじめのうちは，グループでのまとまりは弱く，一人ひとりが思い思いの遊園地の乗り物を身体で表現していますが，練習を重ねるうちに今度は2人組，3人組，あるいはもっと大人数で乗り物をつくると面白いということに気づく児童や，ここを遊園地にするためにはみんながバラバラに動いていたのではだめだと気づいていきます（写真7-5）。子どもたちの感想にも，「はじめはケンカしていたけれど，相談して決めたことがうまくいってうれしい」といった内容が多くみられます。そうして，みんなで考える面白さ，協力して目標を達成するうれしさ，難しさを体験することで，子どもたちは自分と他者が違っているということを自覚し，徐々に社会性を身につけていきます。

　3）　3年生の活動と感想から
《「まわる・まわす」の活動》はじめに，グループでできるだけたくさんの「まわるもの・まわすもの」を紙に書き出し，書いたものを，まずは1つずつ動きで表現して試したのち，発表するものを3つに絞る。ボーリング，大縄，巻き尺，時計などさまざまなアイデアが出る。3つに絞れたら，今度はその3つをどんな順番で発表するかを考え，全体として作品のはじめとおわりを意識すること，動きに変化をつけることなどを意識して練習をする。
〈3年生児童の感想〉
○ぶよう発表会の練習は，いろいろな事けんがはっせいしたりして，最初はうまく

写真7-6　ジェットコースター

写真7-7　洗濯機

できないと思いました。でも，だんだんやるにつれてなれていきました。今日見てくれたお母さんたちにほめてもらい，はじめた日と発表会にやったのをくらべてみるとすごくうまくできたと思うので，私はまんぞくしました。

○今回の舞踊発表会で，成功するまでは，たくさんケンカして，たくさん練習して，昼休みにもれん習をして，そして本番には，ちゃんと成功してよかったです。
他のチームもとてもよかったし，おもしろかったです。とてもいい発表会になりました！

〈3年生保護者の感想〉

○去年までのように「自分がたのしい動き」から，「イメージが伝わる動き」という，演じる意識が感じられました。みんなの頭の中にある創造が，体の動きに連動されるようになったのだなあと驚きました。また，お互いの発表を楽しめる，演じることと鑑賞することのどちらへの意識も高くなっていると感じました。

○自分の思うイメージを伝えることを，グループで話し合いをしたりまとめたりした様子が目に浮かび，頑張っている姿をほほえましく拝見させていただきました。日々の授業やこの様な発表の場で，動じない心を持てる，度胸をつける練習もしているのだなと，また，表現することの楽しさ（体を動かすこと，自分の思いを伝えること，相手に伝えてわかりあうコミュニケーションのとり方など）を学んでいるのだなと，この授業の大切さを思いました。

　3年生の「まわる，まわす」という課題では，当然回転の動きが多くなりますが，ただ回るのでは，どれも似たような表現になってしまって面白くありま

第Ⅱ部　実践にみる身体表現の力

せん。観客にどうしたら楽しんでもらえるかと考える過程で，子どもたちはいろいろな回転の仕方をみつけていきます（写真7‐6，7‐7参照）。いろいろな回り方を探すうちに，同じ回り方でも高さや速さ，向きや構成を変えると表現が広がり，その変化のさせ方によって表現が豊かになること，つまり第6章第2節（3）で表現的な動きの開発の原理として取りあげた対立要素に気づいていきます。競争意識も強くなってくる3年生では，隣のチームが自分たちのチームの動きを真似したり，同じ題材が重なったりしてしまっていることにとても敏感です。そうしたときは，「本当にまったく同じになってしまっている？　速さも高さも同じ？　じゃあ，まったく同じにならないように自分たちのチームはどんな風に回る？」と子どもたちに聞いて，対立要素を使って動きを工夫する言葉かけをしています。

　　4）　4年生の活動と感想から

《「自然」の活動》5つの場面がある曲をもとに「自然」をテーマに創作を行う。対立要素を用いて動きに強弱をつけたり，抽象的な表現を取り入れたりすることで，作品全体の流れを工夫し，広い視野をもって構成を考え，創作する。

〈4年生児童の感想〉

○今日の舞踊発表会は自分ではとてもうまくいったと思う！　なぜなら，一番目のウェーブがなみのようにできたから。それにチームワークもすごく今日は良かったと思う。練習の時はけんかばっかりだったけれど，今日はすごくうまくいった気がする。これまでやってきた舞踊発表会で一番楽しかった。

○自分のチームの人が，一人ひとり人一倍にがんばっていて，ちゃんとしたものができたと思いました。さらに，他のチームでもみんないろいろ考えてお客さんのことも思っているんだなあととても実感しました。

〈4年生保護者の感想〉

○各グループ，曲は同じなのにまったく違う表現があり，見ていて話し合いを重ねた上でできあがったものだと感じとれました。曲の強弱，速さに合わせて動きも考えられていて台詞や小道具がなくてもその物を表すことを学ぶ舞踊は難しくもありますが楽しい時間だったようです。

○子どもたちの成長を感じたひと時でした。低学年の発表会から見学してきました

第7章　児童期の身体表現

写真7-8　種

写真7-9　花

が，幼い子どもたちが遊園地の乗り物を表現し，楽しい様子が見ている側にもそこへ行っているかのような嬉しい気持ちになった記憶が残っています。今回は心身共に多少の恥ずかしさもある中で，成功させようとチームワークを感じました。自然の美しさ，脅威をメリハリをつけて丁寧に表現されていました。低学年の時の「楽しく表現」から「魅せる表現」へ変化したように思いました。

「舞踊」を学習する最後の学年である4年生では，男女を意識して恥ずかしさが出てくるという難しさはあるものの，対立要素を用いて動きに変化をつけたり，並び順などの構成を工夫したり，テーマに沿って作品全体の流れを考えることができるようになっていきます。また，4年生になるとそれぞれの個性を生かした作品づくりができるようになっていきます。全員が同じ動きをしたり，目立ちたい児童が特別な役をするだけでなく，それぞれがよさを生かしてそれぞれに活躍の場面がある作品を創るグループがあったり，男女で対立してしまうのではなく，それぞれのよさを生かして1つの表現をつくるグループもありました。「一人ひとり人一倍にがんばっていて，ちゃんとしたものができたと思いました」という感想からも，力を合わせて1つのものを作る面白さを実感し，クラスメイトの一人ひとりがかけがえのない存在だと感じていることがうかがえます。

　4年間の舞踊の活動を経た最後の発表会では，いわゆる上手い下手にとらわれず，それぞれが意見を交わし，自分のよさを生かしながら友だちと関わって

171

第Ⅱ部　実践にみる身体表現の力

表現を楽しんでいる様子がみられます（写真7‐8，7‐9参照）。

（3）舞踊創作活動の役割

　ここまでみてきたように，1年生から4年生までの4年間の舞踊実践を通して，友だちや自分と深く関わることで，心身の調和のとれた生き生きしたからだを育み，他者と関わることで豊かなコミュニケーションを子どもたちは学んでいきます。豊かなコミュニケーションを通して，自分と他者が違っていることを知ると同時に，相手のよさを互いに認めあうこと，そして自分で自分を認めることは，「誰もがかけがえのない存在である」という確信につながっていきます。舞踊には唯一のこたえはないからこそ，いろいろな表現を認めてもらえる，そして互いの表現を認めあえる場でありたいと考えています。型を覚えるのではない舞踊創作活動が様々な表現につながり，子どもたちが互いの表現を認めあい，そして子どもたち一人ひとりが自信をつけていく成長の過程を保護者も感じているようです。

　こうして少しずつ社会性を身につけ，周りに目が向けられるようになってくると，今度は一緒に活動する友だちのことだけでなく，観客の気持ちになって表現を考えられるようになっていきます。保護者の感想にも，「『自分がたのしい動き』から，『イメージが伝わる動き』という，演じる意識が感じられました」や，「低学年のときの『楽しく表現』から『魅せる表現』へ変化したように思いました」とあるように，舞踊実践を積み重ねることで，自分たちが楽しいだけではなく，観客に楽しんでもらうにはどうしたらよいかというより広い視野をもって創作できるようになっていきます。

　このようにして，舞踊の実践は日々子どもたちの創造性やコミュニケーション能力を育み，「誰もがかけがえのない存在である」という確信とこれからの社会を「生きる力」を育む役割を担っています。

第8章

青年期の身体表現

1　青年期における身体表現の役割

（1）大学における舞踊実技授業の背景

　大学では，様々な授業科目名で舞踊実技の授業が行われています。たとえば，大学体育実技，舞踊専攻生の専門科目，教員免許取得に関わる科目，スポーツ・体育系の学部などで運動特性の一領域としての科目，というように多岐にわたって開講されており，授業科目名はそれぞれの内容を反映して大学によって異なります。また，大学には，「学習指導要領」に類するものはないので，各大学の教員は，専門分野および関連分野の研究の動向と教育実践などを念頭に置きつつ，自由に授業の目標や教育内容を設定しています。

　筆者は，神戸大学とお茶の水女子大学で舞踊実技の授業を担当しましたが，いずれも教員免許取得に関わる科目としてのダンス[1]の授業でした。中学校・高等学校の学習指導要領には，体育の一領域であるダンスの内容として「創作ダンス」「フォークダンス」「現代的リズムのダンス」の3つが定められており，教員免許科目でもある本実習ではこの3つを内容とすることが望ましいとは思います。しかし，高校までにダンスの授業を受けた経験がほとんどない学生を相手に，1単位の中ですべてをバランスよく取りあげるには時間が不十分であることも勘案し，現代的リズムのダンスとフォークダンスはウォーミングアップに含め，中核には創作ダンスを置いてきました（写真8-1参照）。創作ダンスは創造的自己表現を目的とするもの（身体表現）で，この活動を通して，まずは学生自身が舞踊の真髄に触れ，人間にとっての舞踊の意義を体感・体得し

第Ⅱ部　実践にみる身体表現の力

写真 8-1　創作ダンス部の活動〈走る―跳ぶ―伸びる〉（天理大学）

てほしい，そしてそれが達成できれば，ダンスの授業の必要性を実感し，指導を実践することへの動機づけとなると考えての授業内容としてきました。

（2）青年期における身体表現の役割

エリクソン（Erikson, E. H.）は，青年期に達成されなければならない心理的発達課題として自我同一性（アイデンティティ）の獲得をあげています。自我同一性獲得のためには，自分は何者であり，自分の社会的役割は何か，また，自分の価値観，感じ方，考え方，行動などを深く知り，自分というものを理解していくことが不可欠です。自己理解とはそのような自分を納得して受け止めている状態を意味しますが，自己理解のためには，同じように他者を理解することが不可欠で，自己理解と他者理解は相互に促されます。

筆者らの周りの大学生を見渡してみると，小学生の頃から塾へ通い，受験勉強に多くの時間をあて，長い間，自分の内面と向かい合うことをしてこなかったであろう学生が多数いるように思われます。大学へ進学して自分の時間ができたとき，「私は何をしたいのだろう」「私に何ができるだろう」など，自分を知ろうと苦悩しながら，そのことについて友人と語りあうことはせず，むしろそのような自分の内面の苦悩を知られたくないため友人と表面的な付き合いをしている学生が年々，増加しているように感じていました。

このような学生の姿から，彼らは青年期の達成課題である自我同一性の獲得にどのようにして辿り着くのか，いや辿りつけるのかという危惧を抱き，何と

第8章　青年期の身体表現

か学生と関わりをもち，学生が自我同一性の必要性に目覚め，獲得していく支援をできたらという願いが私の中に一貫して流れていました。

　そのような学生を対象にしたダンスの授業の中で，学生たちは回を追うごとに仲間と積極的に関わるようになり，それにつれて表現のテーマは広がり，動きや構成にも様々な工夫がみられるようになりました。その時の学生の授業記録（1989年）に次のようなものがあります。

- 自分の内面を表現することで，あるいは他人の心の表現をみることで，自分を伝えたり，他の人の考えを理解したり，あるいはみる人の心をうつ。
- 一人ひとりの考えを持ち寄りながらみんなで最終的に1つのものをつくっていくという面において必ず成長がある。

　これらの記述はダンスの授業の中でも仲間との創作に関するものであり，グループでの創作を通して，人との関わりが自分たちにとってどのような意味があるのかに気づいていることがわかります。この気づきは，自我同一性の獲得に不可欠な自己理解・他者理解の一面を表しています。

　したがって，青年期における身体表現の活動は，青年を自己理解・他者理解へと導く役割をもっているといえるでしょう。

　自己理解・他者理解へと導く授業の立案に向けて，その時代，時代を反映した学生の姿を理解し，授業内容もその時代の問題解決に寄与できる内容をと研究を重ね（柴，1996，1997，2005），従来の舞踊課題に「舞踊運動の体感」を新たな舞踊課題として設定しました。第2節では，「舞踊運動の体感」を授業内容に取り入れた授業の実践を取りあげ，学生の実践と授業記録に基づいて青年期の身体表現の活動がもつ力について論じていきます。

（3）創作ダンスの指導方法と学習内容

①　指導方法

筆者の指導は，課題解決型の「舞踊課題学習[2]」という形態をとっています。

175

第Ⅱ部　実践にみる身体表現の力

表8‐1　一時間の授業の構成

パート	内　　　　容
A	ダンスのウオームアップ（身心のほぐし）
B	課題の学習（教師が課題を与え，動きやイメージを引き出す）
C	みせあいとイメージの出し合い
D	創作学習（課題の学習で得たイメージを動きでデッサンする）
E	発表と観賞

　松本の考案によるこの学習形態は，一時間の学習の中で，「創る・踊る・観る」というダンスの3つの本質すべてを体験させ（1時間完結学習），ダンスの全体像の理解とそれに基づく創作力をつけさせようというものです。1時間の学習は，表8‐1のように5つのパートから成り，形式的には一斉に同一の課題を与え，同一の助言を行っていく一斉学習の形態をとりますが，そこでは系統学習の考えを踏まえながら，個々人の問題解決の形態をもって進めます。

　Aはダンスの世界に入っていけるようにリズムに乗った簡単な動きで身心をほぐし，教師と学習者が一体になってダンスする「場」を生み出していきます。

　Bから課題学習に入ります。教師がその日の課題を板書し，多様な動きを引きだす教師の言葉かけによって学習者がそれぞれに動きを探求します。その際，教師は指導の原則である「極限への挑戦と多様化」を念頭に置き，言葉かけを工夫することが指導のポイントとなります。初心の学習者が「極限に挑戦」するためには，第6章第2節(3)の動きの対立要素でみた対極にある性質の動きをつなげ，精一杯動けるような言葉かけによる「表現感の感じられるひと流れの動き（フレーズ）」の体験がベースとなります。

　Cでは，たとえばクラスを半分に分け，②で各人が探求した動きを1人で，あるいは2，3人組で踊り，みせあいをします。みせあいの後に，どのように感じたか，見えたか，イメージの出しあいをし，それらのイメージを板書します。

　Dでは，Cで出しあったイメージを共有する2，3人組で，イメージを確認し，テーマを決めてそれにふさわしい動きを工夫して，およそ30秒〜1分程度

176

第8章　青年期の身体表現

表8‐2　舞踊課題の領域と例

課題の領域	課題の例
①運動課題	〈跳ぶ〉〈回る〉〈捻じる〉
②舞踊運動課題	〈走―止〉〈伸―縮―回〉〈振挙―回―見〉
③群―構成課題	〈固まる―離れる〉〈個―群―個〉
④作品構成課題	〈劇的形式――「七夕」テーマに沿った役割分担と作品の運び〉
⑤作品上演課題	〈課題「眠らない街」，人数：Ｘ名，音楽：ソウルミュージック〉

のひとまとまりの表現にまとめます（この活動を"デッサン"と呼んでいます）。
この長さはテーマによって異なり，また授業の回数を重ねるにつれて長くなる
傾向にあります。

　Ｅでは，デッサンをみせあって他者評価と自己評価を行い，この活動で得ら
れた成果と残された課題を共有し，以降の学習への主体的な取り組みにつなげ
ます。

　ダンスの一単元の学習では，はじめの数回はこの１時間完結の学習を行い，
そのあとの数回で作品創作・発表へと進めていきます。

② 学習内容

　学習内容として与える舞踊課題には，表8‐2に示した５つの領域があり，
学習の目的に沿ってどの領域の課題を学習内容とするか決めます。各領域の課
題には，広く行われている課題（例示）がありますのでその中から選定するこ
ともできますし，指導者自身が課題を作成することもできます。

　これらの課題のうち，学習の初歩的段階では①②の領域からの内容が中心
となり，②③は基本的な段階，より進んだ段階では④⑤の領域を加えていき
ます。しかし，①から⑤へと一直線に課題を選定して⑤の段階が到達点という
のではなく，いずれの課題も循環漸進の段階と考えるべきものです。

　すなわち，学習を積み重ねる中で，同じ領域の課題であってもより高次の課
題を設定していくことにより，学習者は舞踊の要素と構造を体験的に理解し，
次の創作にそれらが生かされていくようになります。

第Ⅱ部　実践にみる身体表現の力

2　大学での実践

（1）体感に焦点をあてた授業立案の背景と授業の概要

①　授業立案の背景

　筆者は大学で長らく表現運動・創作ダンスの指導をする中で，年々，学生たちが精一杯動くことや，自分の身体を思う存分に動かすことができにくくなっていること，それと同時に，感情表現は「メチャ楽しい─頭にきてキレル」という両極端にあり，その間にある彩り豊かな感情に気づいていないという感じを強く抱くようになりました。ダーウィンを開祖とする「進化論学派」は，様々な感情は人間が生存していくうえで必要であるため，進化の過程を経て残ってきたものであるとしています。そうであるとすると，感情の乏しさは人間の生命力が衰退していく兆候であると考えられます。

　筆者らの研究と実践から，身体が十分に動かないことと感情が乏しいことには深い関係があることが見出され（柴，1993），学生に生き生きとした動きと多様な感情を取り戻すために質の異なる舞踊運動の体験が有効であると考えました（第5章第3節参照）。そこで，それまで実践してきた舞踊課題学習の内容を一部縮減して，新たに「舞踊運動の体感」[3]を課題に加えた授業内容を立案しました。その際，精一杯動けない学生たちが1回の授業で急に精一杯動けるようになることは望めないので，1つの舞踊運動を連続する5回の授業の中で繰り返し踊り，その間に動きと感情の関係の体感がどのように変わるのかを実証する「同じ舞踊運動を繰り返し踊ることと体感の関係」という実験として，授業の中に位置づけることにしました。

②　授業の概要

・受講生の特性

　「舞踊系運動方法論実習」（授業科目名）の受講生は神戸大学発達科学部身体行動論コース（現在は改組により名称が異なる）に所属する2年生17名（男性：9名，

第 8 章 青年期の身体表現

表 8‒3 授業内容（舞踊課題）

① オリエンテーション／太陽への祈り（ヨガ）／舞踊運動課題〈大—小〉
② 舞踊運動課題〈走る—止まる〉，〈押す—引く〉
③ 舞踊運動課題〈走る—跳ぶ—つかむ〉，〈踏む—とび出す—転がる〉
④ イメージ課題〈花火〉
⑤ ３つの舞踊運動の体感による感情価１回目
⑥ 同　２回目／運動課題〈回り方〉，〈走り方〉イメージ課題〈風〉
⑦ 同　３回目／舞踊運動１の体感からデッサン
⑧ 同　４回目／舞踊運動２の体感からデッサン
⑨ 同　５回目／舞踊運動３の体感からデッサン
⑩ 群—構成課題〈離れる—寄る〉連手で，手を離して
⑪⑫ 個人創作
⑬ 個人作品の発表と評価

女性：８名）です。学生たちの運動能力は比較的高いのですが，舞踊系について[4]は，男女共に高校までにほとんど経験がなく授業の開始時には積極的に関わる学生は少ないというところから出発しました。

• 授業の主題と目標

　発想のトレーニングと身体の多様な動きの可能性の探究をベースに，個性の生きた個人創作とグループ創作の実習を通して，自分自身および他者の動きや感情の豊かさを体感すること。授業全体を通して人間にとっての舞踊の役割と意義を体験的に理解すること。

• 授業内容

　１回の授業は90分です。毎回の授業構成は基本的には表 8‒1 に準じています。ウォーミングアップは太陽への祈り（ヨガの動きを基調にした動き）に，リズミカルな曲にのってのダンス，あるいはフォークダンスを加えた内容で，表 8‒3 には，授業の中心となる毎回の舞踊課題を示しました。この授業の立案の背景に示したように，13回の授業の中には，「舞踊運動の体感」という課題も含んでいます。

　なお，課題とした舞踊運動は，筆者らが「体感による動きの感情価に関する」研究の一環として策定したもの（塚本・柴ら，2003）で，舞踊の経験の有無にかかわらず誰もが踊れること，それぞれの舞踊運動と感情には一定の関連のある感情価の明確な動きであることが実証された舞踊運動です（184頁：図 8‒

179

第Ⅱ部　実践にみる身体表現の力

１，８‐２，８‐３参照）。

　学生には毎回の授業記録と，最後の個人作品の発表時には相互評価を，また13回の授業終了後には「人間にとっての舞踊の役割と意義」というテーマでのレポート（2000字程度）を求めました。

（２）授業内容と学生の学習との関係

①　男子学生Kの毎回の授業記録

　毎回異なる舞踊課題での学習（表8‐3）を通して学生は何を感じ，考え，ダンスに対する態度や理解がどのように変化していったのでしょうか。学生の毎回の授業記録には，その日の課題にどのように向き合い，どのような発見があったかなど具体的な記述がなされています。そこで，ここでは１人の男子学生の13回の授業記録を掲載しますので，具体的な活動内容とそのような活動を通して学生自身がどのような成長を実感しているかを読み取っていただきたいと思います。なお，記録の肝の部分について，筆者が破線を引きました（表8‐4）。

②　学生の学習の様相

　Kは，初回に「イメージと動きの関係」を意識しながら創作し，自分を大きく見せる意識をもって踊っています。また，他の仲間の表現を見ることで，動きは無限で，同じイメージでもそれを表現する動きは十人十色であることを感じとっており，初回にしてすでに身体表現の特性を意識した活動ができていることがわかります。この初回に得た実感は，その後の授業でもより具体的な実感として繰り返し現れています。２回目には「仲間とつくった表現を早く見せたくて」というように踊って自己を開示することに胸を躍らせ，他のグループの表現には多くのヴァリエーションがあり個性を感じとっています。４回目にはイメージ課題「花火」に対し，花火そのものを具象的に表現するのではなく，花火で人間の感情を表現する（擬人化）抽象的な表現に４人で取り組み，４人が役割をもってストーリーを展開していくという作品構成も行われています。「舞踊運動の体感」を課題とした５回目から９回目では，その課題の初回に動きの型と感情の関係を感じ取り，９回目までの間に，その体感は徐々に変

180

第8章　青年期の身体表現

表8-4　男子学生Kの毎回の授業記録

回	舞踊課題と学生の授業記録
1	舞踊運動課題〈大─小〉 ・とにかく自分を大きく見せることを考えた。イメージが固まってからは，互いに意見を出しあってとにかく「自分を強く，格好良く見せる!!」を意識しながら動きを考えた。“走る”よりも“歩く”ほうが堂々としてそうで動きの間は歩いた。実際に自分たちのビデオを見てもっと一つひとつの動作にキレがあればもっと大きく見えたかも？と思った ・みんなのデッサンを見て思ったことは動作の種類は無限だなぁと。同じようなイメージから考えた動作でもペアが異なるとまったく違う動きになる。そこが，一番おもしろい，興味深いところだと思った。ほんとに十人十色だった ・今日のようにイメージから創作することは初めての経験だった。難しかったし，そこがおもしろいところでもあった，と思う
2	舞踊運動課題〈走る─止まる〉〈押す─引く〉 ・何か“戦う”というようなイメージでデッサンできないか？ということで“逃げる人とそれを捕まえようとする人”というイメージでデッサンすることにした。逃げる─それを追いかける─捕まえたと思ったが逃げられる─最後に捕まえるといった流れで創作した ・3人でみっちり考えたので今回は発表前から早く見せたくて。発表時にはできるだけ「大きく」見せるように意識していた ・また他のグループの表現を見て〈走る─止まる〉という中でも，様々なイメージから多くの動きのバリエーションがあり，見ていて個性がでているなぁと感じることが多かった
3	舞踊運動課題〈走る─跳ぶ─つかむ〉〈踏む─とび出す〉 ・とにかく欲しくて欲しくてしかたないような感じを出せるように考えた。また大きく動いていくということも意識して発表を行った ・最も印象的だったのは，顔の表情でイメージを表現しているグループがあったことだった
4	イメージ課題〈花火〉 ・主人公の思いを花火の火をして表現し，その火によって起こる様々な花火でうまく感情を表現できたと思う ・4人で創作することによってそれぞれが役割をもちストーリー性がすごくはっきりとしていたような気がした。また，1つのものを全員で表現すると，今までの2人組よりももっとダイナミックに表現できているような気もした
5	〈体感による3つの舞踊運動の感情価〉1回目＝動作分析用ビデオ撮影 ・舞踊運動1．すごく無感情な感じがした。舞踊運動2．ゆったりと穏やかにやさしい感じがした。舞踊運動3．楽しくて楽しくてしかたない感じがした。すごく気分がいい感じ ・感情，体感によって運動の緩急がまったく違ったような気がした。“楽しい”と思うのにゆったりと動くことはない。“楽しい”と思うと，やはりきびきび動いたり，大きく動いたりする
6	〈同上〉2回目・イメージ課題〈風〉・運動課題〈回り方〉〈走り方〉 ・舞踊運動の順が違っていた。自分の感じたことは順番は特に関係ないと思う。各舞踊運動に対し自分なりに理解したうえで覚えていった。やはり様々なことを体で感じた ・3人でデッサンを行うことになり，2人ではできないようなことをやりたいと考えた。場を広く使うときには思いきって広く使ってみたり3人で絡み合うところは狭く3人でかたまったりと，いろいろ変化をつけて行った ・他の人の発表を見て思ったことは，みんな激しく動くな，ということだった

181

第Ⅱ部　実践にみる身体表現の力

7	〈同上〉　3回目＝動作分析用ビデオ撮影・舞踊運動1の体感からデッサン ・それぞれの舞踊運動に徐々に慣れてきた。体感に関しては自分の中では大きな変化はないよう ・舞踊運動1に対して何か冷たいイメージをもったので，2人で反発し合うようなものをデッサンしようということになった
8	〈同上〉　4回目・舞踊運動2の体感からデッサン ・徐々にではあるが少し感じ方が変化してきたことを感じた。最初は舞踊運動を覚えることで精一杯だったがそれに対しては少し余裕が出てきて考えることもできるようになった ・同じ舞踊運動を用いても各個に様々な違いが出ていた
9	〈同上〉　5回目＝動作分析用ビデオ撮影・舞踊運動3の体感からデッサン ・今回も舞踊運動の中から1つを使ってデッサンを行った。今までと少し異なる点として人数が2人から3人になった。3人で話しあった結果，今回は「夏」という題をつけて，それを花火のような感じで表現しようということになった。2人ではできない，3人ならではのことをやることにした。それぞれ，1人ずつタイミングをずらして飛び出していくなど自分たちの思いどおりにできたと思う
10	群―構成課題〈離れる―寄る〉連手で，手を離して ・引き寄せる側と引き寄せられる側の違いや距離感をもう少し生かすべきだったと思う ・他の2人組みでの発表をみて，イメージが多様でそういう表現もあるのかと考えさせられた ・ペアと動きのリズムを変えるとお互いが際立ってくる
11	個人創作　課題〈夏〉 ・創作については，まず「夏」について自分の中で思いつくものをひたすら取りあげ，そこから徐々にしぼっていくようにした。その中でも今回は特に"空"に注目してみることにした。昼の太陽，夜の星，花火など様々な顔をもつ夏の空。大きな動き，止まる―動く，跳ねる―転がるなどを使って表現しようとした
12	同上
13	個人作品の発表と評価 ・踊りでイメージを表現する技術こそ完全ではないかもしれないが，各々が何を表現したいかという思いがしっかり伝わったと思う。「夏」という1語からこれほどイメージが派生するのかとあらためてイメージの力の大きさを感じた ・16人の発表には同じものは1つもなく，各々個性が出ていてとてもよかった。初めての授業のときに比べてまったく違っていた。踊る技術などではなく，表現ということを学んだと思った ・自分の表現したいことに対して，自分だけがもつ感性で創作していったことがよくわかった。大きく動くことが多いのが特徴であったと思う

化しています。その中で行った舞踊運動の体感からのデッサンでは，2人，3人とデッサンする仲間の人数に応じてその人数でこそできることをと，場の使い方，群―構成，動きのタイミングなど具体的な工夫によって，自分たちの思いどおりに表現できたと実感しています。このように学生は10回目の群―構成の課題を学習する前にすでに，人数に応じた群―構成でデッサンしています。

第8章　青年期の身体表現

そして最後の個人創作とその発表・観賞については，「夏」（創作課題）の1語からイメージは多様に広がり，そのイメージを表現する動きも多様で，そこには個性が表れていること，踊り方については大きく動くことが多いとしています。

　このように自分たちの表現への思いを実現するために，時にはまだ課題としては学習していない群構成や作品構成といった舞踊の要素も自然に取り入れて積極的に創作に取り組んでいます。こうした体験の実感は「踊りでイメージを表現する技術こそ完全でないかもしれないが，何を表現したいかという思いは伝わったと思う」「踊る技術ではなく，表現を学んだ」というに記述に集約されており，この授業内容は筆者の目指す創造的自己表現としての「舞踊＝身体表現」の体験となっています。

　この授業は，冒頭に述べたように，学生に生き生きとした動きと多様な感情を取り戻すために，授業の5回目から9回目の舞踊課題を「舞踊運動の体感」としました。この新たに設定した舞踊課題を通して学生の舞踊運動と感情の体感がどのように変化し，それを学生がどのように捉えているのかをみていきます。

（3）課題「舞踊運動の体感」について

①　「舞踊運動の体感」の実験方法

　先に述べた「怒り」「悲しい」「楽しい」を想定した3つの舞踊運動（図8-1，8-2，8-3）を課題とし，学生には，5週間にわたって，週1回3つの舞踊運動を踊り，それぞれの舞踊運動の体感を表8-5の18語から5語以内選択することと，体感の強さを4段階で評定することを求めました。また，毎回，および5回の体感実験の終了後に自分自身の動きや体感の変化を自由に記述することも求めました。毎回，1人ずつ順番にビデオに収録し1，3，5回目には3次元動作解析のための撮影も同時に行いました。ビデオ収録と動作解析の目的は，たとえば「高い所から低い所まで滑らかに沈み込むことができた」といった学生の体感と物理的指標によって捉えた実際の動きの特徴を照合し，学生が

183

第Ⅱ部　実践にみる身体表現の力

遠くにあるものをつかむ

下にたたきつける

全身を投げ出したジャンプ

図8-1　舞踊運動1（怒り5秒　アクセントのある強い動き）

伸びあがった状態から両腕をゆっくりおろしながら縮む

縮んだ状態で後方へ回りながらたちあがり3歩歩く

全身で仰ぎみるように伸び、その後、左端の写真のように縮んでいく

図8-2　舞踊運動2（悲しい30秒　ゆっくりした縮小的な動き）

肘を曲げた腕を上下動しながら左右に弾む

両腕を大きく回しながら馬の駆け足のようなステップで移動

大の字─縮む─大の字

図8-3　舞踊運動3（楽しい12秒　軽快な弾む動き）

第 8 章　青年期の身体表現

表 8-5　6つの基本感情の感情語グループ

group	感　情　語		
1	*楽しい*	・うれしい	・喜び
2	*やさしい*	・あたたかい	・幸せな
3	*穏やかな*	・のびやかな	・優美な
4	*厳かな*	・神聖な	・静謐な
5	*悲しい*	・寂しい	・冷たい
6	*怒り*	・苦しい	・怖い

記述した体感の客観性を確認することにありました。

②　学生の記述にみる舞踊運動と体感の変化

　学生の体感に関する感情語選択と体感強度の分析，および，動作解析の結果から，次のことがわかりました。学生は，1回目から3つの舞踊運動が内包する感情の異なりを体感でき，運動の質が異なれば体感される感情も異なることが認識されていました。また同じ舞踊運動を繰り返し踊る中で次第に明確な動きで踊ることができるようになり，それにともなって，その舞踊運動が本来内包する感情を明確に体感できるようになるというように，明確な動きが明確な体感につながることが実証されました。中には練習を重ね，自分の呼吸やリズムで踊ることができるようになると体感は1つではなく複数の感情へと広がっていくケースもみられました（この場合，与えられた動きの速度やリズムなどが変化していたことが動作分析によって確認されています）。

　5回の体感実験を終えた学生が自分自身の舞踊運動と体感の変化をどのように捉えたか，学生の記述をいくつか取りあげ，その後に，体感の変化とその意味について論じていきます。なお，ここでも学生の記述の肝になる部分について筆者が破線を引きました。

〈同じ舞踊運動を繰り返し踊ることから得たもの〉

・3つの舞踊運動を踊ってみて気づいたことはこのような動きもあったのかということだ。我々がふだんしないような動きを取り入れることによって「神秘的」と

第Ⅱ部　実践にみる身体表現の力

か「厳かな」といった表現もできるのだということに気づいた。

- 全体を通して，はじめのうちは舞踊運動をそれぞれ体感していなかった。ビデオを見て受けた印象をそのまま踊っていたので身体の内から体感しているという気はしなかった。回数を重ねるにつれて一つひとつの動きにもっと目を向けるようになり自分の呼吸を感じながら踊れるようになった。そうすることで本当に踊りながら体感することができたし，何より気持ちよさを感じたのは自分でも驚きだった。

- 自分の運動について感じるといったことに初めて気づかされた。跳んだり跳ねたりすることは何かうれしいような，楽しいような気持ちにさせるし，逆にゆっくり歩いたり，上を見上げてみたりといった運動はどこか，悲しみや苦しみを実感できた。このように舞踊の運動を一つひとつ体感できるということは人間にとって舞踊が心や精神的なものに大きく影響を与えるのではないかと思う。気分が落ち込んでいたり，悲しいときは激しい運動のある舞踊を踊ることによって自分の悲しみによるストレスを発散したりできるし，気分が高揚しているときは落ち着きのある舞踊運動を行い，気分を穏やかにすることだってできる。心身一如とはまさにこのことであろう。

- 舞踊運動2はゆっくりなだけにとても難しかった。初めはただゆっくりと時間に身をまかせるようにだけ踊っていたが，回数を重ねるにつれて自分という存在を感じながら踊るようになった。たとえば手を上に大きく広げるときは自分を外へ解放するようにまた体を縮ませるときは自分の心の中をのぞくようなイメージをした。4，5回目は「うまく」踊ろうという考えはまったくなく本当に踊りながら体感していたのでとても気持ちよく踊れた。

- 舞踊運動3ははじめのうちはただ楽しくリズミカルに踊っているだけだった。しかし回数を重ねるごとに自分の呼吸を感じながら踊れるようになり楽しさだけでなくなぜかうれしさも感じていた。

③　舞踊運動の体感の変化とその意味

　筆者のこれまでの創造的自己表現を中核にした舞踊の指導においては，質の異なる多様な舞踊運動を学生から引き出す指導であり，指導者側から既成の動きを与えることはしてきませんでした。今回の「舞踊運動の体感」では，筆者らが創った舞踊運動を課題として与えたわけですが，これらの舞踊運動に関し

て「３つの舞踊運動を踊ってみて気づいたことはこのような動きもあったのか
ということだ。我々が普段しないような動きを取り入れることによって『神秘
的』とか『厳かな』といった表現もできるのだということに気づいた」という
学生の記述がありました。それまで動きで表現できるとは考えていなかった感
情を内包する舞踊運動を与えられることにより，ふだん感じる機会の少ない感
情を体感し，またそのような感情を表現できることに気づき，そのことが感情
の広がりへの糸口となっています。

　そして同じ舞踊運動を繰り返し踊る中で，学生は自分自身の踊り方と体感の
変化，および両者の関係について気づき，はじめは他者から与えられた舞踊運
動を覚えることに必死であった状態から，しだいに自分の呼吸を感じ，また自
分のリズムで踊り，与えられた動きであるにもかかわらず，自分らしく表現し
ようとし，さらに表現できるようになり，その喜びを感じています。ここに，
ダンスセラピー実践の原理である「動き―感情―呼吸の連合」（第５章第３部参
照）の体現をみることができます。

　呼吸を感じ，自分のリズムで踊ることができる状態とは，踊り手が舞踊運動
の一連の動きを羅列する，あるいは踊り手にその舞踊運動が動きの羅列として
感じとられるものではなく，一つひとつの動きと動きの間が生み出されること
によって動きが有機的に結びつき感情をもった１つの生命体となることです。

　「舞踊運動の体感」を課題にしたとき，与えられた舞踊運動を踊ることは，
各自の学生自身の動きの傾向とその動きに結びついた感情体験の域を出て，感
情を広げる糸口となります。そして同じ舞踊運動を繰り返し踊るという体験は，
しだいにまるごとのからだをフルに使って明確な動きで踊ることができるよう
になり，ちょっとした動きや動き方の違いに対する感受性を鋭敏にし，その舞
踊運動が内包する感情を明確に感じる力や今まで気づかなかった感情に気づく
ことを可能にしています。

　こうして，「舞踊運動の体感」は，学生が生き生きとした動きと多様な感情
を実感するのに有効な課題と位置づけることができます。

第Ⅱ部　実践にみる身体表現の力

（4）舞踊の体験的理解

　すでに，1人の学生の授業記録に毎回の授業内容から何を学習したかをみてきました。ここでは，最終回の授業記録と授業終了後に提出された「人間にとっての舞踊の役割と意義」というテーマでのレポートから，学生の舞踊に対する体験的理解をみていきます。

①　舞踊の特性および自身の変化への気づき

　受講生16名の最終回の授業記録から，舞踊の特性と自分自身の変化への気づきは以下のようにまとめられます。

　13回の授業を終えて，はじめの頃は人前で踊ることに恥ずかしさを感じていた学生も，しだいに自分の思いを思いのたけに表現できるようになり，それにともなって本当の自分の気持ちを表現する楽しさに気づいています。

　舞踊は芸術家の営みという先入観をもっていた学生は，舞踊を身近なもので日常のコミュニケーションの延長線上にあると感じています。このような思いは，恐らく多くの学生にとって共通なものであると思われますが，身近なものであるだけでなく，同時に奥深いものであり，身体で表現する難しさと楽しさを，また，自らの身体だけでいろいろな表現ができることへの驚きと共に，身体には言葉や文章以上に表現する力があることも感じています。また，人間の本質は普段の会話などからみえてくるものではなく身体の表現によってようやく見てとれると実感したり，生きていくうえで豊かな表現，感受性を得て身体表現活動をしているとパワーがわいてくるようで元気になったりと感じています。

　そして毎時間，自分のデッサンをVTRで見たことや授業記録を書いたことで，前者では自分自身の主観的イメージと客観的イメージのズレに気づき，デッサンの積み重ねによってそのズレが縮まり，後者では自己の内面と向きあい自分をみつめる活動ともなり，そのことが自分の気持ちや考えに自信をもてるきっかけにもなっているとしています。

　このように，13回を終えて創造的自己表現としての舞踊＝身体表現の特質に

188

第8章 青年期の身体表現

対する体験的理解が、彼らのからだを通った言葉として具体性をもって語られています。

② 人間にとっての舞踊の役割と意義

「人間にとっての舞踊の役割と意義」というテーマでのレポートは、文献に拠るのではなく、実体験に基づいて書くものでした。ここでは、高校までダンスの授業を受けた経験のない学生3名のレポート（一部略）を掲載しますので、3人がしだいに自分や仲間と向きあい、創作の体験を積む過程でつかんだ舞踊の役割と意義を読みとっていただきたいと思います（なお、破線、段落は筆者によります）。

〈学生Fのレポート〉

今回、舞踊の授業を受けて、今までは感じたことのない感覚を味わうこととなった。小さい頃から経験してきたことはあった単なる "踊り" とは、前もって振付けや踊りのはっきりとしたイメージなどが与えられていて、そこからいかに与えられたことをうまくこなしていくことができるかというもので、（中略）他者の目というものが、つねに意識されていたのだ。しかし、"舞踊" は自分自身の内側に目が向けられていると感じた。他人から与えられて踊るものではないし、他人の目を気にして踊るものでもない。自分の感情というものが最優先され、そこから自然とわきあがってくるイメージをもとにして、身体を使って踊るのである。そこには決められた枠組みもなく、リズムもなく、自分の感性に基づいて身体を動かすのである。表現しているときは、意識的よりも無意識的な状態に近く、感性というのは人によって様々であるので、同じテーマを与えられても、舞踊としての表現の仕方は大きく異なってくる場合もある。（中略）人間にとっての舞踊の役割と意義とは、いったいどのようなものであるのだろうか。

- まず、舞踊は人の心の奥深いところにまで、訴えかけるものがある。舞踊をすることによって、自分の内側の感性が研ぎ澄まされ、自分の世界に入りこむことができる。そうなることによって、自分の素の部分を表現することができ、他の人を魅了して、その人の新しい部分を発見することができる。
- 舞踊は、言葉や地域などの壁を越えて、多くの人の心の内側まで入りこむことができ、共感することができる。そうなることによって、たくさんの人同士でつな

189

第Ⅱ部　実践にみる身体表現の力

がることができ，理解しあうことができる。また，今回の授業でもいろいろな人とペアを組み，踊りをしたことにより感じたことは，1つのものに対する考え方，ものの捉え方というのは，ほんとうに様々で，バラエティーに富んでいたが，根本的なところはやはり共通するものを感じることが多かった。そういった共通感を感じることによって，その人との壁というものも低くなり，お互いを理解しあう近道であるように感じた。（中略）

・また，舞踊によって，自分自身のことをもっと理解するということができるという役割もはらんでいるとも感じた。（中略）授業である決められた踊りを，5回行いその時に感じた感情を書き出すという実験を行ったが，決められた同じ踊りをしていても，その時の気分や，踊りに対する慣れなどにより，自分の内側から出てくる感情に微妙ではあるが，ズレを感じた。しかし，どの時に感じた感情も実際にその時に感じたもので，違和感はなかった。つまり，その時の状況によって変わる自分の内側の部分を自然と受け入れることができ，自分のことを理解することができる。ふだんの生活ではこういったことを感じることは難しいが，舞踊によって，より自分の内側に目が向けられることによって，そういった感情の変化にも気づくことができ，また自分の新たな一面を発見することもできるのである（中略）。

・舞踊を通じて人や社会とつながることによって，自己の内面を開放し自己を見つめなおすことまで可能となり，自己の存在を確認できる（中略）。

・以上のように，舞踊というものは，人間にとって周りの人間を巻き込み，一体感や連帯感というものを感じとることができる一方で，人とは違う自分にしかもっていないものの捉え方などにも気づくことができ，自分のもっていた視野を大きく広げてくれるものであると感じた。

〈学生Yのレポート〉

・舞踊というものをするのは初めてで，最初はどう表現していいものかわからないまま進んだ。しかし自分を表現するすべがわかってくると，自分の中で何かが軽くなるように感じた。表現することによってどんどん気分が楽になり幸福感を覚えるようになった。舞踊は"自己表現の形，内的パワーの表現"であると思う。（中略）

・他の人の舞踊を見ていてそれぞれ個性が強く出ていた。誰1人同じ舞踊はなく，伝えたいことというのがとても伝わってきた。テーマを与えられ人それぞれ考え

第8章 青年期の身体表現

ることは違う。しかしそれは現在に至るまでの生き方が人それぞれ違うのであるから当然のことである。舞踊というものはダイレクトに自分の内面が現れると思う。ある程度動きというものの見本みたいなものはあると思うが，その先にあるのは自分らしさであると思う。たとえばステップ1つにしても歩幅も違うしリズム感も違う。（中略）また同じ1人の人でも状況によって変わってくるだろう。それは舞踊というものが個々の内面が現れるものと考えると明らかであるし，であるからこそ舞踊を見ることでその時の心境といったものを見られるようになるのである。

• 人というものは呼吸をする生き物である。舞踊をすることによってある種の呼吸法も身につくと思う。これは武道に共通する部分であると思う。人の呼吸にはその時の気持ちや何らかの情報がのっている。（中略）

• 舞踊とは"自己の解放"にも役立っていると思う。そのかわり舞踊の一つひとつの動きには意味というものが必要になってくると思う。一つひとつの動きに意味をもたせることによって見ている側も意味解釈することができる。そうやって他人との共通理解をもつこともできる。（中略）

• 僕は，競うような運動は今までたくさんしてきたが身体表現系の運動というのは初めてであった。競う相手がいないことによって自分の内面をより見ることができた。自分の内面を見ることによってあらためて自分というものを知った。テーマ設定で感じることの人との相違点などを感じ，より自分を知ることができるようになった。（中略）

• 自分のことというのは意外にも自分が一番わからなかったりする。しかし舞踊は自分の中身を見直すきっかけを与えてくれるので舞踊を通して人はより成長することができる。舞踊の意義はそこにあると思う。ただそれだけではないと思うが実際強く感じたものはそのことである。

• （中略）舞踊と関わることで自分を見ることができ，自分を知り，さらには人と比較することの意味のなさに気づき自分に誇りをもてるようになるのではないだろうか。舞踊にはそんな力があるように思う。自分の内面を知るとは言葉にすると簡単であるが実際は非常に難しいことでそれをするきっかけを与えてくれる舞踊とはすごいものであると思う。すごいという言葉で片づけてはいけないと思うが。まとめると人間にとって舞踊というものは自己を表現するものであり，さらには自己の内面を見つめ直すきっかけを与えてくれるものである。

191

第Ⅱ部　実践にみる身体表現の力

〈学生 S のレポート〉

・（前略）今回の舞踊系運動方法論実習の中では，様々なテーマを設け，それを表現するよう実践していったのだが，その過程で表現の可能性が未知数であることを，身をもって思い知った。複数の人数で創作発表を行うときも，おおまかなテーマや用いる動きはあらかじめ決められていたにもかかわらず，それぞれが表す感情や情景はときには180度異なることをいろんな人と組むたびに感じた。（中略）舞踊という営みの中では自分の内にある感情を見つめ直し，表現することが重要であるが，果たしてそれが容易なものではないということも，この授業を通して感じた正直な感想である。自分が本当に何を感じ，思っているのか，それらを思い描き身体で表現することは，実は言葉にして表現するよりもはるかに困難なことであった。

・近代化以降，急速に発展した合理主義は理性を至上とし，本能や感情の表現を抑圧することで明るい未来を約束したかのように見えた。しかし合理的な思考をもつ共同体をつくるうえでは，個性というものはまったく必要とされず，均質化されていく中で表現の方法を忘れていくのである。この実習中に感じた舞踊の困難さの原因はそこにある。理性を介して言葉で表現することはできても，自分の直感や体感を身体で表現することは難しい。

・自分もまた，近代化の残した問題の中で生きているのだということを感じた。自分の思っていることも表現できないままでは，何によって動かされているのかもわからず，やがて自己の存在も希薄になってしまいそうである。現にそのような問題がそこかしこで起こってきている。合理的な集団をつくるためには感情表現という行為はタブー視され，そして強制され歪められたことはどこかで弊害となって浮き彫りになってくるのである。

・（中略）太古から存在してきた舞踊であるが，その起源においてはいったいどのような意義をもっていたのだろうか。おそらく今とは異なっていたかもしれない。しかしながら現代においては，自分の存在を感じる，という本当に原点に戻るための行為であるだろう。発展を信じ続けた現代において，舞踊がそのような意義を認識させはじめたのは，ある意味では痛烈な皮肉である。

　以上のように，学生の記述には，表現すること，創ることに関するものが多く，舞踊を内面の表現（身体表現）と捉え，それは，自己の内面を見つめ直す

写真8-2　大学授業風景（天理大学）

きっかけ，自分の新たな面を発見する，自分自身をよく知り理解する，自分に誇りがもてる，自己の存在を確認するなど，自己理解に深く関わること，また他者との創作は，自他の異なりと共通性に気づき，お互いを理解できることを実感していることをおわかりいただけたと思います。

そして，このような実感について，Fは，「ふだんの生活ではこういったことを感じることは難しいが，舞踊によって」可能になるとし，Yが「自分の内面を知るとは言葉にすると簡単であるが実際は非常に難しいことでそれをするきっかけを与えてくれる舞踊とはすごい」としているように，学生は自己理解・他者理解などという概念は知っていたとしても，それがどのような具体的行動によってもたらされるかという実感がなかったことを意味しています。その実感はいろいろな人とペアやグループを組み，1つの課題からイメージと動きを出し合って表現を創りあげ，共に踊り，みせあう（写真8-2参照）という，

第Ⅱ部　実践にみる身体表現の力

実体験の中から生まれてくるもので，実感に基づいた体験的理解は，真の自分と出会い，他者を受容し，互いをより深く理解する行動への力となっています。さらに，Sは，近代化以降の社会の合理性，理性至上主義が残した問題——均質化・没個性——の中で生きている自分にとって身体表現は困難なものでもあったこと，そして表現できないままでは自分の存在が希薄になるとの危惧を表明し，「舞踊は自分の存在を感じる」という原点に戻るための行為であると考察しています。

　こうして青年期におけるまるごとのからだを投じた身体表現は，自己と他者を体験的に理解する機会に満ちた活動であり，それらの体験的理解が自己の存在や個性を明確にする，すなわちエリクソンの言う青年期に達成するべき課題である自我同一性の確立の契機となり，そのことは自分らしく生きていく力につながっているのです。

注
(1) 「ダンス」は「舞踊」の訳語。「ミュージック」は「音楽」の訳語。指導要領に，「音楽」は教科としても「音楽」と示されていますが，「舞踊」は体育科の1つの領域として「ダンス」と，昭和22年の指導要綱から示されています。しかし，指導要領のない大学では，授業科目名に「舞踊」「ダンス」の双方が使われています。
(2) 「舞踊課題」設定による学習指導は，日本の舞踊教育のパイオニアである松本千代栄の提案によるものです。松本は，舞踊課題を学習内容に，課題解決型の学習方法をとり，創作学習モデルを考案しました（松本，1982）。
(3) 松本による5つの舞踊課題の領域は，舞踊の構造と要素から導きだされたもので，今回，新たな舞踊課題とした「舞踊運動の体感」は，5つの領域の課題とは性格が異なることから，この課題によって学習者はあらたな体験，気づきが可能になります。
(4) 身体行動論コースでは，舞踊，陸上，球技，体操など，運動を系としてまとめた運動方法論実習の科目が設定され，コース所属の学生は，それぞれ1単位は必修です。またこれらの科目は，中学校・高等学校教員免許取得に関わる科目でもあります。

終　章

共創する身体表現と生きる力

　第Ⅱ部でみてきた精神病院，デイケア，幼稚園，小学校，大学での活動は，いずれも，仲間と共に創作する，あるいは1人で創作するという創造的な活動に主眼が置かれたものでした。そして，それぞれの場における参加者および指導者が一体になった創造的な活動がもたらす実感から，身体表現の役割，意義を論じてきました。

　終章では，これらの各フィールドを包括する「身体表現」が私たちの「生きる力」にどのような貢献をもたらすのか，大脳生理学者の時実利彦による「生の営み」[1]に依拠して説明します。まず，「生きる力」とはどのようなものであるかを概観したうえで，「生きる力」と身体表現の関係をみ，さらに身体表現の活動で培われた力は身体表現の場にとどまらず，日常生活の場に反映されていくことを論じていきます。

1　身体表現と創造性

（1）生の営み

　時実は，人間の生きる姿を支える脳の働きについて，脳幹・脊髄系，大脳辺縁系，新皮質系の3つの統合系を設定することによって，人間の行為を説明し，「生の営み」を提唱しました（図終-1）。ここでは，「生の営み」の概略をみていきます。

　人間は，「生きている」という生命現象を営んでおり，そのうえに「生きてゆく」という生命活動を展開することができます。「生きている」とは意識の

195

```
                    生の営み
生きている…………反射活動，調節作用………脳幹・脊髄系
生きてゆく
    たくましく……本能行動，情動行動………大脳辺縁系
    う　ま　く………………適応行動 ⎫
    よ　　　く………………創造行為 ⎭……新皮質系
```

図終-1　時実による生の営み

出所：時実，1970，p.39

ない生命現象であり，植物的な生き方である一方で，「生きてゆく」とは意識
のある動的な生命活動であり，動物的・人間的な生き方です。つまり人間らし
い生き方とは，単に「生きている」だけではなく，そのうえに「生きてゆく」
という生命活動を展開した生き方です。

　そして，「生きてゆく」姿は，さらに「たくましく」「うまく」「よく」の3
つに分類されます。

　まず，「たくましく生きてゆく」ですが，これは，生まれもって備わってい
る本能的な生きてゆく力のことです。この生得的に備わっている「たくまし
く」生きてゆく力に加えて，学習や経験によって外部の環境や人間関係に適応
していく力が「うまく生きてゆく力」です。さらに，「よく生きてゆく力」と
は，自ら目標を設定し，価値の創造や探求を通して目標の実現を図ろうとする
ような創造的な行為によってもたらされる力です。

　このように人の生きる力には様々なレベルがあり，それを支える脳の部分も
それぞれ異なっています。単に「生きている」状態を維持しているのは，脳の
中の脳幹・脊髄系と呼ばれるところであり，そのうえで，「生きてゆく」姿の
中の，本能的に備わっている「たくましく」生きてゆく力を司っているのは，
大脳辺縁系です。さらに，「うまく」生きてゆく力と「よく」生きてゆく力は，
新皮質系によって営まれています。新皮質系の働きは，額のすぐ後ろにある高
いレベルの精神的な働きを担う最高中枢である前頭連合野（前方連合野）が大
脳皮質全体に占める割合と関係しており，その割合は，チンパンジーや猫など
の他の哺乳類に比べて人間は約30％（猫は約3％，チンパンジーは約17％）と，突

終章　共創する身体表現と生きる力

出して高いのです。人間も他の動物も，新皮質系を働かせることにより，植物と違って「生きてゆく」力をもち，模倣や試行錯誤によって「うまく」生きてゆくことを習得することができます。これに加えて，前頭連合野の割合が高い人間は，この発達した前頭連合野の働きに支えられた意欲的な試行錯誤によって，文明の開発や文化を創造することが可能になります。つまり，人間だけが創造的な活動を行うことができ，それによって「よく」生きてゆく姿を現生させているのです。

　創造的な行為は，人間のみが成し得る最も人間らしい生き方ということができます。

（2）脳の仕組みからみた舞踊

　時実は，このような生の営みの提示に続いて，群がること，怒ること・恐れること，手を使うこと，創造すること，言葉を話すこと，歌うこと・踊ることなど，27の人間の具体的な姿を取りあげて，そこでの脳の働きと知性，感情，行動などとの関係について言及しました。その中で，リズムに乗って踊る─創作する，という対極に位置する2つの舞踊活動が人間にもたらす意味について興味深い考察をしています。

①　リズムに乗って踊る──たくましく生きてゆく姿

　「歌うこと・踊ること」の中で，時実は，脳の仕組みに照らして歌や踊りの本質を説明しています。歌や踊りのリズムという要素は理性，知性の座である新皮質系に対して，鎮静的，麻痺的な効果を及ぼし，前頭連合野の統御力を弱め，その結果，見えるもの・聞こえるものが無選択，無批判に新皮質に叩きこまれるようになります。時実は，これを「リズムの魔力」と表現しました。

　リズムの魔力によって理性，知性が麻痺すると，個性が乏しい規格化された存在になり，集団行動へ駆り立てられもしますが，その行動はリーダーによってコントロールされた力の結集に過ぎないとしています。

　私たちが集団でリズムに乗って踊るとき，「全員が単調なリズムの同じ動きを繰り返し踊る」「単調なリズムは共有するが動きは踊る人それぞれに異なり，

全員での動きの共有はない」「異なるリズムから成る複雑なリズムで同じ動き
を踊る」「複雑なリズムを共有するが動きは踊る人それぞれに異なり，全員で
の動きの共有はない」など様々な形態があります。時実のいうリズムの魔力に
引き込まれる踊りは「単調なリズムの共有（全員の動きが同じであっても，人それ
ぞれに動きが異なっていても）」にあたります。集団で単調なリズムで踊りはじめ
ると，そのリズムがまるごとのからだへのリズミカルで機械的な刺激となり，
身体がそのリズムに反応し，何も考えずに踊り続けることができます。リズム
の機械的刺激によって，理性，知性が麻痺し，新皮質の前頭連合野の思考，意
欲，創造，情操などの働きが弱まった状態です。同じリズムを共有して集団で
踊ることは，確かに一体感をもたらしますが，このような単調なリズムでの踊
りは，脳の働きに照らしてみると，それは本能行動と情動行動としての「たく
ましく」生きてゆく姿です。「たくましく」生きてゆく力はたいへん重要な力
ですが，前述のように，人間らしい生き方は「たくましさ」だけにとどまりま
せん。

② 舞踊創作──「うまく」「よく」生きてゆく姿

これに対し，創作では，創造の過程でみてきたように，テーマやイメージを
自由にあれこれ想像し，思索します。その思索は静的に行われるだけでなく，
動きをともないながらの思索も含み，しだいにテーマやイメージが明確になっ
ていきます。テーマやイメージが決まるとそれらを中核として自由に動きを生
みだしていきますが，そこでは人間の複雑な内面を反映して，単純なリズム
から複雑なリズムまで多様なリズムを有する動きが創造されていきます。

今，自由に思索し，自由に動きを創造すると述べました。時実は，創造にと
っての自由の意味を次のように説いています。

「自由というのは，思考作用の働かないデタラメということではない。「随所に主
となる」ことであって，前頭連合野に働きの場が十分に与えられている状態であ
る。前頭連合野のない動物や，まだ十分に発達していない赤ん坊の行動は，反射
的，紋切り型であって，自由というものはない。」（時実，1970）

終章　共創する身体表現と生きる力

　このように創造には自由が必要であり，その自由のためには，前頭連合野に働く間を与えることが必要なのです。つまり，詰め込みでは自由に思索し，自由に行動する余裕がなく，その帰結として創造性が働かないことになります。

　前頭連合野に働く間を与えるという時実の指摘は，創造の過程の孵化期（創造者が行き詰まりを感じ，それまでに収集した素材や考えなどが頭の中で無意識のうちに温められ，醸成されている時期）の意味を教えてくれます。そして孵化期の後にやってくるとされている啓示期（突然に，問題を解決するアイデアがひらめく時期）について，時実はひらめきとかインスピレーションというのは神の啓示ではなく，前頭連合野の創造の泉の思わぬ噴出にほかならないとしています。その思わぬ噴出がどのように起こるのかについては明示していませんが，前頭連合野に間を与えて，その働きを誘発すれば，創造の精神はこんこんとわきでてくるはずであるとしています。

　このように自由に思索し，自由に動きを創造することを可能にしているのが新皮質の働きで，それは人間の適応行動，創造行為によって人間が「うまく」「よく」生きてゆく姿であることがわかります。

③　舞踊系の諸活動と脳の働き

　ここまで，リズムに乗って踊ることと，創作することという2つの活動について，その特性を脳の働きに照らして述べてきました。舞踊活動はこの2つにとどまらず，既成作品を踊る，作品を鑑賞するなどの活動があります。たとえば，既成作品を踊る踊り方には，振りをそのまま模倣して踊る場合と，その振りを踊る人が作品や動きを解釈し踊り方を工夫する場合があります。前者のような単なる模倣や技法の習得だけでは，前頭連合野の存在を無視した単なる技術教育に過ぎないと時実はいいます。他方，後者の場合には，創作における前頭連合野の創造の精神の働きとまではいかないにしても，創造の精神が働いていることになります。舞踊作品の鑑賞にしても，自分なりに解釈し，その作品を受け止めるならば，創造の精神が働いていることになります。音楽や踊りが情操教育の重要な教科であるゆえんはここにあると，時実はいいます。

　創る・踊る・観る，いずれの活動においても創造性は働いていますが，自ら

創作して踊るとき，前頭連合野の働きはいよいよ著しく，「よく」生きてゆく姿を典型的に体現しているといえるでしょう。

2　身体表現活動の層構造

時実の「生の営み」は創造的な行為に至るには段階があることを示しています。第1節で前頭連合野の働きによって創造性が強く働く舞踊の活動とそれほどでもない活動があることをみてきたように，すべての舞踊の活動が同じような創造性を必要とされるわけではありません。したがって，創造性を要する度合いによって舞踊の活動をいくつかの層に分けることができます。そしてそのようにして分けられた層での活動では，人間の生きる姿も異なるはずです。

本書では，創造的自己表現としての舞踊を中核とした舞踊実践（身体表現）の役割・意義をみてきました。そこで，ここでは，第Ⅱ部でみてきたそれぞれの実践の諸局面を整理して，創造性が最も強く働く創造的自己表現を頂点とする身体表現の4つの層を設定し，それぞれの層でどのような活動が行われ，参加者は何を得，どのような生きる姿を体現しているのかをみていきます（図終 - 2）。

（1）身体表現活動の場に入る

第1層の「身体表現活動の場に入る」は他の層とは異なり，身体表現活動とは呼べないのではないか，と思われるかもしれません。しかし，この層にとどまり，仲間との第2層での活動に入っていけない人（子ども）が，やがて第2層へと入っていくという実態に即して第1層に「身体表現活動の場に入る」を置きました。実際に幼稚園年少組の子どもや，精神病院の患者さん，デイケアの利用者さんの中には第1層にとどまる人（子ども）もいます。年少組の子どもの中にはホール（表現を行う部屋）に来るものの表現に入ってこない子どもがいますが，いつも生活する場である保育室からホールへ来ること自体に意義があります。ホールの隅でじっとみんなの表現を見ているその子どもは，その場

終章　共創する身体表現と生きる力

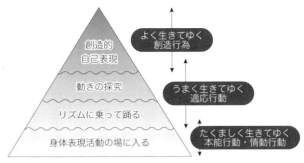

図終-2　身体表現活動の層構造

にいることで場の雰囲気を感じとり，しだいにリズミカルな動きや保育者の誘いなどに引きこまれ，表現活動に入ってくるようになります。第1層から第2層へ，すなわち，「たくましく」生きてゆく状態から「うまく」生きてゆく適応状態へとじょじょに移行していきます。

　精神病院ではセッションの場にでてきても，活動に参加せず見学する患者さんもいます。参加を義務づけられていないダンスセラピーの場に患者さんがしぶしぶであっても病室から身を運び，ダンスの場に身を置き，他の患者さんのダンスを見るという姿に，かすかではあっても自発性が感じられます。患者さんの中には，毎回ホールにでてくるものの，その日の状態によって見学したり，参加したりと参加の形態が定まらない人もいますが，毎回出てくること自体に意義を認めることができます。

　デイケアでは認知症の症状が進んだ利用者さんが多く，ほとんどの方が無表情で身体を縮こまらせて車椅子でスタッフに連れられてきます。その姿に生気は感じられず，セッションでは指導者が利用者一人ひとりの手をとってまるごとのからだで挨拶するところからはじめています。この挨拶によって心身の緊張が和らぎ笑顔も引き出され，ラポールが築かれることで，第2層の活動へつながる心身へと拓かれていきます。

　身体表現活動の場に入るということは単に「生きている」状態から人間らしく「生きてゆく」姿に踏み出す第一歩として重要なのです。

（2）リズムに乗って踊る

　第2層の「リズムに乗って踊る」リズミカルなダンスは，動きやリズムに適応して踊るもので，うまく生きてゆく姿につながります。そこにはフォークダンスや盆踊りのように一定の動きのパターンを反復する踊り方の決まったダンスと，リズムは共有しながら動きは各人各様，自分が好きなように踊るものがあります。ここでいうリズミカルなダンスは第1節でみた単調なリズムの同じ動きを繰り返し踊るものではなく，異なるリズムから成るいろいろな動きでのダンスを指しており，リズミカルに踊ることによって身体感覚・身体感情が少しずつ目覚めてきます。

　この第2層の活動は，第Ⅱ部のすべての実践の中で行われており，幼児ではこの層での活動が主となる時期もありますが，その他の実践ではこの活動が主になるというよりは，心身のウォーミングアップとして行われています。みんなと一緒にリズムに乗って踊る楽しみは，心身をほぐし，心身を開放していきます。そして開放された複数人の心身がリズムの中で共振し，共感することによって相互の親和感情が高まり，部屋（空間）全体が表現の場として生き生きとしていきます。

　音楽のリズムに合わせて，また一緒に踊る人々の動きに合わせて踊るという活動は心身をほぐし，その場への適応も含めた適応行動であり，そこには，「うまく」生きてゆく姿が体現されます。

（3）動きの探究

　第3層の「動きの探究」には，指導者や仲間がみつけた動きをみんなで動いてみるものと，課題となる運動について各人がいろいろな動きを工夫し探求して動いていくものがあります。いろいろな動きの探求は多くの実践の中で行われています。

　幼稚園の年少児でも最初のうちは保育者や友だちがみつけた動きを真似ていますが，しだいに自らいろいろな動きをみつけ，工夫できるようになっていき

ます。

　精神病院入院中の患者さんは，いろいろな動きの探求を通して，様々な身体の動きや動かし方を知り，その動きは次第に伸び伸びと大きく明確になります。また自らいろいろな動きを生みだせるようになっていきます。

　デイケアでは，指導者の日常動作を発展させた動きを真似ることからはじめ，利用者さんがそれぞれ動きを考えて動くことによって，創造する楽しみを味わえるようになります。

　このように第3層では，他者の動きをみんなで動いてみることと自ら動きを工夫することが含まれます。ここでは質の異なるいろいろな動きを取りあげることによって身体感覚・身体感情が鋭敏になり，自分のからだの可能性に気づいたり，しだいにボディイメージをもてるようになります。

　この層での動きの探求は，1つの運動からいろいろな動きを発見する，つくり出すという動き自体に焦点をあてた活動です。しかし，動いているうちにたとえば，風になったみたい，台風みたい，熊さんみたい，などのようにイメージが浮かんできて，それにつれてイメージから動きを発見するということもあり，このようなイメージと動きが一体になっての動きの探求は，第4層の活動に足を踏み入れているとみることができます。

　動きの工夫は第3層の活動に位置づけられますが，「うまく」生きる適応行動でありながらも創造行為が芽生え，第4層の「よく」生きてゆこうとする態度につながります。

　第3層までの「身体表現活動の場に入る」「リズムに乗って踊る」「動きの探究」に付随する価値は，レクリエーションや体操ももち得るものでもあり身体表現に独自の価値というわけではありません。

（4）創造的自己表現

　身体表現独自の価値は，「創造的自己表現」にあり，ここでは，創造性が大いに発揮される活動が営まれます。

　創造的自己表現には，仲間と創作する形態と1人で創作する形態があり，ど

ちらの形態での創作を先にするかは，対象によって異なります。

　他者とのコミュニケーションに問題のある患者さんや高齢者に，いきなり共同での創作を求めるのは適当ではありません。まずは，1人で現在あるからだで自分の思い通りに創り踊る1人での創造的自己表現が先になります。そして個人での創作の経験を積み重ねるプロセスで他の人の表現を見たり，第2層や第3層での他の人々と踊ることの楽しみの経験から，1人でなく，仲間と一緒に創作をしたいという思いをもつようになったときに仲間との創造的自己表現へ移っていきます。この仲間との創作の経験を経て，また1人で表現したいという思いをもつようになりますが，このときが真の意味で1人での創造的表現に達したということができます。

　これに対して，一般的に身体表現に慣れない大人は，1人より2，3人での創作とすることで不安や恥ずかしさが軽減され，イメージと動きを工夫しての表現に取り組みやすい傾向があります。そこでまず，仲間との創作を十分に経験し，不安や恥ずかしさが軽減された後に，自分の内面とじっくり向き合い，自らの創造性を発揮した1人での創造的自己表現に取り組むという順序になります。このようなプロセスを経て，不安や恥ずかしさが払拭された後の仲間との創作は，お互いの内面を十分にさらけ出し，引き出しあっての表現となり，そうなった時に真の意味で，仲間との創造的自己表現が実現したということができます。

　また，幼児や児童の表現では，決められたテーマで一人ひとりが自分のイメージで工夫した動きを，同時に全員で表現する活動も多く行われます。その活動は個々人の表現ではありますが，一緒に表現する他者の影響も受け，完全な1人での表現とはいえません。このような形態での活動は，1人での創造的自己表現と仲間との創造的自己表現が相互に浸透していることになります。

　仲間との創作活動では，仲間とテーマや動きを探究するプロセスや，発表し，感想を聞く，ビデオで発表したものを見るなどの活動をとおして自己理解と他者理解を深め，個性や仲間の一人ひとりの存在価値に気づきます。

　また，個人創作では，自分の創意と動きで作品を創りあげ，それを発表し，

自己評価と他者評価を受けるという自分自身の内面に深く関わる一連の活動によって自己理解が深まり，自己の存在の確かさを実感するようになります。

　第4層では，1人で，あるいは複数人での創造性発揮に関わる活動が展開され，そこでの姿は「よく」生きてゆこうとする姿なのです。

（5）4つの層と生きる姿

　このような身体表現の4つの層，それぞれの層での参加者の活動の様相は，生きてゆく3つの姿の具現化という形で，「生の営み」とのつながりを認めることができます。第1層は「たくましく生きてゆく」姿，第2層と第3層を「うまく生きてゆく」姿，第4層を「よく生きてゆく」姿と区分けしましたが，すでにみたようにその区分け部分では生きてゆく姿が相互に浸透しています。

　身体表現の実践にあたっては，たとえば，身体感覚が希薄な人には「身体感覚と身体感情を目覚めさせること」を，自分に自信をもてない人には「自他の異なりを知り，自己肯定感をもてるようにすること」を目的とするというように，指導者は対象とする人々にとっての具体的な目的を明確にし，目的によってどの層を核に据えるのかを考える必要があります。しかし，どのような実践においても，核に据えた層のみにとどまることはなく，いくつかの層に浸透したり，移行したりしています。この浸透，移行のように各層を循環漸進する活動の中で，様々な程度に創造性が発揮され，それに応じた生きてゆく3つの姿が表れます。

　身体表現活動は，「たくましく」「うまく」「よく」生きる力の涵養を手助けし，創造性が強く働く「創造的自己表現」において，最も人間らしい「よく生きてゆく姿」が体現されるのです。

3　共創する身体表現

　第4章4節で，複数の人々が1つの場所に集い，1人で，あるいは複数の人々で創り，踊り，観る，その時，そこに誰が存在し，どのように関わるかに

よって，生成する場は違ってくると述べました。そこに存在する一人ひとりのその瞬間の状態と他者との関係，物理的な環境などが相俟ってその場は刻々と変化していきます。私たちがまるごとのからだで相手のからだ，場そのものの状態を感じつつ行動する中で，そこに集うすべての人によってリアルタイムに場が「共創」されていくのです。共創とは，からだで関わりあい，共に働きあうことで，共同体としての生命を創出することを意味します。

身体表現では，まるごとのからだでの他者との様々なコミュニケーションを通して自己と他者を理解していくことによって，相互連関が生まれてきます。このとき参加者は，単なる人の集まりではなく相互につながりのある共同体としての一体感を感じるでしょう。このような状態は，身体表現による自他非分離的なコミュニケーションが成立していることを意味し，この1つになった生き生きとした場を，共創という活動がもたらしたといえます。

複数人でデッサンや作品を創っていく過程は共創そのものですが，授業やダンスセラピーのセッションでは，つねに周囲に他者の存在があり，その存在を感受しつつ場を共創していることから，1人でのデッサンや作品創作の過程も広い意味で共創といえるでしょう。また，自ら創るという活動のみならず，他者のデッサンや作品を観て何かを感じとる，これも共創です。

創る人と踊る人，踊る人同士，あるいは踊る人と観る人と役割は違うものの，そこに集うすべての人々による身体表現の活動はいずれも共創的活動なのです。

まるごとのからだとからだが出会い営まれる身体表現は，初めての気づきか再認識か，発達か回復か，また程度の違いなどはあるものの，年齢や障害の有無にかかわらず，身体感覚や身体感情を取り戻しつつ（あるいは磨きながら），自分と他者の動き，イメージ，表現，行動の仕方などには違いがあることに気づける場です。その気づきによってもたらされる自己理解・他者理解が自己の存在を明確にすると同時に個性の異なる他者の存在を感じとり，自分らしく生きてゆく力につながります。このように，共に創造性を発揮して営まれる身体表現は「誰もがかけがえのない存在である」という確信を抱いていく過程であり，他者と共に人間らしく「よく生きてゆく姿」を体現しています。

終章　共創する身体表現と生きる力

　そして，身体表現の場でもたらされる様々な気づきや確信が，その場のみに
とどまるのではなく，日常生活での行動に表れるようになったとき，身体表現
は真に「生きる力」をもたらすことになります。身体表現のもつ場を超える力
は，からだとからだでの共創にあるのです。

　注

(1)　「生の営み」は，時実利彦の『人間であること』に収録されています。『人間であ
　　ること』は1970年に出版され，これまで（2016年5月現在）69版を重ねている息の
　　長い著書です。初版からおよそ半世紀を経て，脳神経科学の進歩には目覚ましいも
　　のがありますが，人間の生きる姿を支える脳の働きについて，脳幹・脊髄系，大脳
　　辺縁系，新皮質系の3つの統合系を設定しての「生の営み」の提唱は，今でも通用
　　するものです。

文　　献

第1章

Berlo, D. K. (1969) *The Process of Communication: An Introduction to Theory and Practice.* New York: Holt, Reinhart and Winston, Inc.（布留武郎・阿久津喜弘（訳）（1972）コミュニケーション・プロセス——社会行動の基礎理論．協同出版．）

Bourdieu, P. (1979) *LA DISTINCTION Critique Sociale du Jugement.* Paris: Les Éditions de Minuit.（石井洋二郎（訳）（1990）ディスタンクシオンⅠ．藤原書店．）

Ekman, P. & Friesen, W. V. (1975) *Unmasking the Face.* New Jersey: Prentice-Hall, INC.（工藤力（訳編）（1987）表情分析入門．誠信書房．）

Hall, E. T. (1976) *Beyond Culture.* New York: Anchor Press/Doubleday.（岩田慶治・谷泰（訳）（1979）文化を超えて．TBSブリタニカ．）

市川浩（1984）〈身〉の構造．青土社．

鯨岡峻（1997）原初的コミュニケーションの諸相．ミネルヴァ書房．

Lowen, A. (1967) *The Betrayal of the Body.* London: Macmillan Publishing Co., Inc.（池見酉次郎（監修）新里里春・岡秀樹（訳）（1978）引き裂かれた心と身体．創元社．）

Maslow, A. H. (1954) *Motivation and Personality.* New York: Harper & Row Publishers.（小口忠彦（訳）（1987）人間性の心理学．産能大学出版．）

Maslow, A. H. (1968) *Toward A Psychology of Being.* London: Van Nostrand Reinhold.（上田吉一（訳）（1990）完全なる人間——魂のめざすもの．誠信書房．）

松本千代栄（1971）運動と表現．岸野雄三・松田岩男・宇土正彦（編）序説運動学．大修館書店，pp. 247-298.

McNeill, D. (1992) *Hand and Mind.* Chicago: University of Chicago Press.

Morris, D. (1977) *Manwatching: A Field Guide to Human Behavior.* London: Harry N. Abrams Incorporated.（藤田統（訳）（1980）マンウォッチング．小学館．）

齋藤洋典・喜多壯太郎編著（1992）ジェスチャー・行為・意味．共立出版．

阪田真己子・柴眞理子・岩舘祐一（2000）感性情報としての身体動作——演技直後のフィギュア選手の感情表出．神戸大学発達科学部研究紀要，8(1)，231-240.

Schegloff, E. A. (1998) Body Torque. *Social Research,* 65(3)，535-596.

柴眞理子（1993）身体表現——からだ・感じて・生きる．東京書籍．

柴眞理子（2000）舞踊はコミュニケーション．岡田美智男・三嶋博之・佐々木正人（編）身体性とコンピュータ．共立出版，pp. 364-375.

Storr, A. (1960) *The Integrity of the Personality*. New York: Pelican. (山口泰司 (訳) (1992) 人格の成熟. 岩波書店.)

荘厳舜哉 (1988) ヒトの行動とコミュニケーション. 福村出版.

渡辺直登 (1982) 職場における精神健康に関する一研究――ERG 理論を枠組みとして. 名古屋大学教育学部紀要教育心理学科, **29**. 264-277.

第2章

Caillois, R. (1958) *Les Jeux et les Hommes: Le Masque et Vertiger*. Paris: Gallimard. (清水幾太郎・霧生和夫 (訳) (1970) 遊びと人間. 岩波書店.)

Cheney, S. (ed.) (1928) *The Art of the Dance: Isadora Duncan*. New York: Helen Hacket. (小倉重夫 (訳編) (1977) イサドラ・ダンカン――芸術と回想. 冨山房.)

Duncan, I. (1927) *Isadora Duncan: My Life*. New York: Horace Liveright. (小倉重夫・阿部千津子 (訳) (1975) わが生涯. 冨山房.)

Haskell, A. L. (1969) *The Wonderful World of Dance*. London: Aldus Books Limited. (三省堂編修所 (訳) (1974) 舞踊の歴史. 三省堂.)

Huizinga, J. (1938) *Homo Ludens*. Groningen: Wolters-Noordhoff. (髙橋英夫 (訳) (1973) ホモ・ルーデンス. 中公文庫.)

平尾明子・柴眞理子 (1997) ロマンチックダンス精神の実現としてのモダンダンス. 神戸大学発達科学部研究紀要, **4**(2), 351-362.

市川雅 (1983) 舞踊のコスモジー. 勁草書房.

石福恒夫 (1974) 舞踊の歴史――生きられた舞踊論. 紀伊国屋書店.

木間瀬精三 (1971) 死の舞踏. 中公新書.

邦正美 (1968) 舞踊の文化史. 岩波新書.

Lawler, L. B. (1964) *The Dance in Ancient Greece*. Connecticut: Wesleyan University Press. (小倉重夫 (訳) (1985) 古代ギリシャの舞踊文化. 未来社.)

Martin, J. (1939) *Introduction to the Dance*. New York: Dance Horizons. (小倉重夫 (訳) (1980) 舞踊入門. 大修館書店.)

Sachs, K. (1932) *Eine Weltgeschichte des Tanzes*. (Schonberg, B. (1934) *World History of the Dance*. New York: Norton & Company, Inc. (小倉重夫 (訳) (1972) 世界舞踊史. 音楽の友社.)

第3章

穐山貞登 (1971) 創造の心理. 誠信書房.

Arieti, S. (1955) *Creativity-The Magic Synthesis*. New York: Basic Books, Inc., Publishers. (加藤正明・清水博之 (共訳) (1980) 創造力――原初からの統合. 新曜社.)

文　　献

Bailin, S. (1988) *Achieving Extraordinary Ends: An Essay on Creativity*. Dordrecht: Kluwer Academic Publishers.（森一夫・森秀夫（訳）（2008）創造性とは何か――その理解と実現のために．法政大学出版局．）

藤岡喜愛（1974）イメージと人間．日本放送出版協会．

藤岡喜愛（1983）イメージその全体像を考える．日本放送出版協会．

市川浩（1975）精神としての身体．勁草書房．

Langer, S. K. (1957) *Problems of Art*. New York: Charles Scribner's Sons.（池上保太・矢野萬里（訳）（1967）芸術とは何か．岩波新書．）

Maslow, A. H. (1954) *Motivation and Personality*. New York: Harper & Row Publishers.（小口忠彦（訳）（1987）人間性の心理学．産能大学出版．）

松本千代栄（1972）動きの感情価に関する研究．東京教育大学体育学部紀要，**11**，47-63.

松本千代栄（1988）課題設定と課題解決学習Ⅱ――運動の質と感情価．日本女子体育連盟紀要，**87(1)**，53-89.

三浦佳世（2010）知覚と感性．日本認知心理学会（監修）．三浦佳世（編）．感性認知．北大路書房，pp. 2-27.

Neisser, U. (1976) *Cognition and Reality*. San Francisco & London: W. H. Freeman and Company.（古埼・村瀬（訳）（1978）認知の構図．サイエンス社．）

日本創造学会編（1985）創造の理論と方法――創造性研究1．共立出版．

恩田彰（1994）創造性教育の展開．恒星社厚生閣．

Preston, D. (1963) *A Handbook for Modern Educational Dance*. London: Macdonald & Evans.（松本千代栄（訳）（1976）モダンダンスのシステム．大修館書店．）

阪田真己子・柴眞理子・小高直樹（2001）身体表現の認知における注目領域．表現文化研究，**1(2)**，63-71.

柴眞理子（1978）舞踊運動とその表現性に関する研究―― Design と Time を中心に．女子聖学院短期大学紀要，**10**，125-148.

柴眞理子・塩瀬順子・須戸ゆか・原田純子・古川道代（1991）ダンス学習の意義と創造性教育．体育学研究集録，**17**，43-56.

柴眞理子（1993）身体表現――からだ・感じて・生きる．東京書籍．

柴眞理子（1996）感性情報の抽出に関する基礎的研究①体感による運動の感情価――舞踊熟練者を対象に．平成8年度ATR受託研究報告書，1-14.

柴眞理子（2000）舞踊はコミュニケーション．岡田美智男・三嶋博之・佐々木正人（編）身体性とコンピュータ．共立出版，pp. 364-375.

柴眞理子（2003）体感による動きの感情価――舞踊経験者と未経験者の比較．神戸大学発達科学部研究紀要，**10(2)**，173-181.

創造性心理研究会（編）（1969）S-A創造性検査手引き．東京心理．

時実利彦（1970）人間であること．岩波新書．

山本正男（1981）感性の論理．理想社．

湯浅泰雄（1977）身体——東洋的身心論の試み．創文社．

第4章

Condon, W. S. (1976) *An analysis of behavioral organization: Sign Language Studies* 13. Washington, DC: Gallaudet University Press, pp. 285-318.

石福恒夫（1977）身体の現象学．金剛出版．

市川浩（1975）精神としての身体．勁草書房．

鯨岡峻（1997）原初的コミュニケーションの諸相．ミネルヴァ書房．

Langer, S. K. (1957) *Problems of Art.* New York: Charles Scribner's Sons. (池上保太・矢野萬里（訳）(1967) 芸術とは何か．岩波新書.)

三宅美博（2009）「間（ま）」と共創コミュニケーション．舞踊学，**32**，67-74．

岡千春（2015）踊ることによって生成される身体——その様相と構築過程．博士論文．お茶の水女子大学．

阪田真己子・柴眞理子・小高直樹（2001）身体表現の認知における注目領域．表現文化研究，**1**(2)，63-71．

阪田真己子・柴眞理子（2003）モーション・メディアとしての舞踊——身体表現のプロセスが伝えるもの．計測と制御，**42**(1)，1-6．

柴眞理子（2000）舞踊はコミュニケーション．岡田美智男・三嶋博之・佐々木正人（編）身体性とコンピュータ．共立出版，pp. 364-375．

清水博（1996）生命知としての場の論理．中央公論社．

清水博（2003）場の思想．東京大学出版会．

清水博・久米是志・三輪敬之・三宅美博（2000）場と共創．NTT 出版．

Stern, D. N. (1985) *The Interpersonal World of The Infant.* New York: Basic Books. (小此木啓吾・丸田俊彦（監訳）神庭靖子・神庭重信（訳）(1989) 乳児の対人世界理論編．岩崎学術出版社.)

第5章

American Dance Therapy Association https://adta.org/ (2017. 1. 21)

Bernstein, P. L (ed.) (1979) *Eight theoretical approaches in dance movement therapy.* Dubuque, Iowa: Kendall/Hunt Publishing Company.

Espenak, L. (1981) *Dance therapy theory and application.* Springfield: Charles C Thomas Pub.

福田正治（2003）感情を知る．ナカニシヤ出版．

H'Doubler, M. N. (1940) *Dance: a Creative Art Experience.* Madison, Wisconsin: The

University of Wisconsin Press, Ltd.（松本千代栄（訳）（1974）舞踊学原論——創造的芸術経験．大修館書店.）

石福恒雄（1992）舞踊療法．徳田良仁・式場聡（編）精神医療における芸術療法．牧野出版.

Laban, R. The Educational and Therapeutic Value of the Dance. In W, Sorell.（ed.）（1951）*The Dance Has Many Faces*. Second Edition. New York & London: Columbia University Press.

Levis, P.（ed.）（1979）*Theoretical Approaches in Dance-Movement Therapy Volume I*. Dubuque, Iowa: Kendall/Hunt Publishing Company.

Levy, F. J.（1988）*Dance therapy theory, a healing art*. Reston, Virginia: AAHPERD.

Sachs, K.（1932）*Eine Weltgeschichte des Tanzes*.（Schonberg, B.（1934）*World History of the Dance*. New York: Norton & Company, Inc.）（小倉重夫（訳）（1972）世界舞踊史．音楽の友社.）

澤田端也（1992）共感の心理学．世界思想社.

柴眞子・田中朱美（1993）精神病院入院中の患者に対するダンスセラピーの展開とその検討．人体科学，2(1)，37-47.

柴眞理子（2004）身体表現——個性・共創・コミュニケーション．共創シンポジウム2004 コミュニティの共創に向けて——その技術とシステム論　講演集，(社)計測自動制御学会 SI 部門共創システム部会，pp. 9-15.

柴眞理子（2005）ダンスセラピーの層構造．日本学術会議文化人類学・民俗学研究連絡委員会（編）舞踊と身体表現．財団法人日本学術協力財団，pp. 131-141.

柴眞理子（2005）舞踊——魂の叫び．湯浅泰雄・春木豊・田中朱美（監修）科学とスピリチュアリティの時代．ビイング・ネット・プレス，pp. 152-158.

The Association for Dance Movement Psychotherapy, United Kingdom, Ltd.（ADMP UK）http://admp.org.uk/（2017.2.2）

第 6 章

厚生労働省（2008）保育所保育指針解説書．http://www.mhlw.go.jp/bunya/kodomo/hoiku04/pdf/hoiku04b.pdf（2017.1.8）

文部科学省（2017）幼稚園教育要領　平成29年 3 月．http://www.mext.go.jp/component/a_menu/education/micro_detail/icsFiles/afieldfile/2017/05/12/138466132.pdf（2017.4.10）

文部科学省（2011）学習指導要領「生きる力」保護者用リーフレット．すぐにわかる新しい学習指導要領のポイント．http://www.mext.go.jp/a_menu/shotou/newcs/pamphlet/__icsFiles/afieldfile/2011/03/30/1304395_001.pdf（2016.12.15）

文部科学省（2008）学習指導要領「生きる力」教員用パンフレット．中央教育審議会答

申「幼稚園，小学校，中学校，高等学校及び特別支援学校の学習指導要領等の改善
　について」．http://www.mext.go.jp/a_menu/shotou/newcs/pamphlet/__icsFiles/
　afieldfile/2010/09/08/1234786_3.pdf（2016.12.15）

岡千春・渡邊孝枝・鈴木瑛貴・柴眞理子（2016）幼児と教師の共有する身体表現活動．
　東京成徳大学子ども学部紀要，**5**，45-52．

柴紘子・柴眞理子（1981）新音楽リズム「動きの表現」想像から創造へ．星の環会．

柴眞理子（1985）幼児教育・初等教育における運動の表現──擬音語・擬態語と動きの
　関係について．第19回全国女子体育研究大会紀要，147-159．

柴眞理子・坪倉紀代子・三宅香・徳家雅子（1998）擬音語・擬態語と動き及びイメージ
　の関係について．体育科教育学研究，**15**(1)，1-12．

柴眞理子・坪倉紀代子・三宅香・徳家雅子（1999）擬音語・擬態語と身体表現．体育科
　教育学研究，**16**(1)，1-10．

Stern, D. N. (1985) *The Interpersonal World of The Infant.* New York: Basic Books.
　（小此木啓吾・丸田俊彦（監訳）神庭靖子・神庭重信（訳）（1989）乳児の対人世界
　理論編．岩崎学術出版社）

鈴木瑛貴（2015）身体表現活動における教諭と子どもの主観的体験の様相．修士論文．
　お茶の水女子大学．

渡邊孝枝・岡千春・鈴木瑛貴・柴眞理子（2014）幼児の身体表現活動における擬音語・
　擬態語の活用──フレーズに着目して．十文字学園女子大学人間生活学部紀要，**12**，
　1-12．

第7章

Stern, D. N. (1985) *The Interpersonal World of The Infant.* New York: Basic Books.
　（小此木啓吾・丸田俊彦（監訳）神庭靖子・神庭重信（訳）（1989）乳児の対人世界
　理論編．岩崎学術出版社）

文部科学省（2008）小学校学習指導要領

文部科学省（2008）小学校学習指導要領　総則編

文部科学省（2008）小学校学習指導要領解説　体育編

文部科学省（2008）表現運動系及びダンス指導の手引　学校体育実技指導資料

第8章

Erikson, E. H. & Erikson, J. M.（1997）*The Life Cycle Completed AReview.*
　Expanded Edition. New York: W. W. Norton & Company, Inc.（村瀬孝雄・近藤
　邦夫（訳）（2001）ライフサイクル，その完結．みすず書房.）

H'Doubler, M. N.（1940）*Dance: A Creative Art Experience.* Madison, Wisconsin: The
　University of Wisconsin Press, Ltd.（松本千代栄（訳）（1974）舞踊学原論．大修

文　　献

館書店.）

松本千代栄（1979）舞踊表現の構造と要素化. 女子体育, **21**(4), 2-6.

松本千代栄（1981a）舞踊表現の構造・機能と要素化——舞踊課題の設定と創作学習. 日本体育学会.

松本千代栄（1981b）ダンスの学習指導. 女子体育, **23**(10), 2-8.

松本千代栄（1982）舞踊課題と創作学習モデル——高等学校における実験授業研究. 日本女子体育連盟紀要, **81**, 1-40.

松本千代栄（1987）課題設定と課題解決学習Ⅱ——運動の質と感情価. 日本女子体育連盟紀要, **87**(1), 53-89.

柴眞理子（1996）感性情報の抽出に関する基礎的研究①体感による運動の感情価——舞踊熟練者を対象に. 平成8年度 ATR 受託研究報告書, 1-14.

柴眞理子（1997）体感による舞踊運動の感情価——舞踊経験の浅い学生を対象に ITE Technical Report, **21**(28), 37-42.

柴眞理子（2005）舞踊運動の体感の変化のプロセスとその意味. バイオメカニズム学会誌, **29**(3), 124-128.

柴眞理子・小高直樹・前田正登・米谷淳・猪崎弥生（2004）舞踊運動における体感と物理量の変化. 第56回舞踊学会.

柴眞理子・田中朱美（1993）精神病院入院中の患者に対するダンスセラピーの展開とその検討. 人体科学, **2**(1), 37-47.

柴眞理子・山田敦子・坪倉紀代子・米谷淳（2004）同じ運動を繰り返し踊ることと体感について. 第56回舞踊学会.

塚本順子・原田純子・猪崎弥生・柴眞理子ほか（2003）舞踊運動の体感からみた基本感情の検討. 第55回舞踊学会.

終　章

時実利彦（1970）人間であること. 岩波新書.

柴眞理子（2004）身体表現——個性・共創・コミュニケーション. 共創シンポジウム 2004コミュニティの共創に向けて——その技術とシステム論　講演集, （社）計測自動制御学会 SI 部門共創システム部会, pp. 9-15.

柴眞理子（2005）ダンスセラピーの層構造. 日本学術会議文化人類学・民俗学研究連絡委員会（編）舞踊と身体表現. 財団法人日本学術協力財団, pp. 131-141.

清水博（編著）久米是志・三輪敬之・三宅美博（著）（2000）場と共創. NTT 出版.

おわりに

　初対面の方から筆者の専門を問われたとき，「舞踊学・舞踊教育学です」と答えると必ずと言っていいほど「えっ？」と怪訝な表情を浮かべ，「どういう学問ですか，日本舞踊ですか，バレエですか？」というような問いが続くことがほとんどでした。そのようなとき，私は舞踊学（本書で述べた臨床舞踊学）の理解者を1人でも増やしたいという思いで熱く語ったものでした。それを真剣に聴いてくださった様々な領域の研究者（精神医学，脳神経外科学，心理学，工学，教育学，哲学，書，作曲など）と舞踊をめぐって話し込み，共同研究へとつながったいくつもの思い出が蘇ってきます。

　私が多くの他領域の研究者と交流できたのは，舞踊が本来的にすべての人のものであるために，誰もが舞踊をご自分の専門（関心）に引きつけてイメージし，考えることができるという特性によると思います。

　一度お話しすればわかっていただけるのに，初対面の際に「舞踊学？」となるのは，日本には舞踊学部がなく，義務教育においても音楽や美術のようにその理論を学ぶ機会がないことに起因すると思われます。

　他方，舞踊の実践という意味では，本書の第Ⅱ部でみてきたように，幼稚園，学校，精神病院，デイケアなどで幅広い年齢を対象に舞踊の活動が行われています。第Ⅱ部では筆者が関係する機関で，身体表現を積極的に取り入れ「生きる力」を実感している例を取りあげました。全国には同じように成果をあげている素敵な活動が行われていることも筆者は知っています。ところが素敵な活動を実践している指導者が，その素敵な活動の意義（たとえば，なぜ，生きる力の涵養となるのか）と実践を他の人々に伝えることに思いが至っていないように感じています。学校教育において舞踊の理論を多少なりとも学ぶ機会があれば，素敵な活動を実践している指導者は自然に自分の実践の意味を考え，伝えることができると思います。

しかし，現在，舞踊の理論を学ぶ機会を確保することは現実には困難ですので，書籍という形でその機会を提供したいという思いをずっと抱いておりました。本書を執筆する源となりましたのは，日頃の実践と研究，そして教え子たちの成長です。多くの他領域の研究者との交流・共同研究はたいへんありがたいことでした。ここでお名前をあげることはいたしませんが，親しくご交流いただいた研究者のみなさまの平素のご厚意に感謝を申し上げます。

　そして，第Ⅱ部の実践では，道和幼稚園，成城学園初等学校，神戸大学，みやざきホスピタル，シルヴァーウイング（デイケア）の子どもたち，学生，患者さん，利用者さん，そしてスタッフのみなさんに全面的にご協力いただきました。このご協力なくしては，本書は生まれませんでした。実践に関わったみなさんの温かいご協力は決して忘れません。ありがとうございました。

　本書は，このように多くの人々のご協力とご支援をいただいて誕生した教え子たちとの共著です。読者のみなさんに伝えたかったことはまえがきと本文の中で繰り返し述べてきました。臨床舞踊学はまだ歩みはじめたばかりであり，実践を積み重ねながら舞踊と人間の関わりを思索し，それをまた実践に反映させていく，常に現在を生きているものです。臨床舞踊学を確立してゆくためには，読者のみなさんの実践やご理解が大きな力になります。われわれ執筆者も臨床舞踊学の歩みを着実に進めるべく，それぞれの場で実践と研究に努力してまいります。

　本書の刊行にあたってはミネルヴァ書房編集者の丸山碧さんにたいへんお世話になりました。はじめてお会いしたとき，筆者がそれまで出会った研究者と同じように筆者の話にじっと耳を傾けてくださいました。そして筆者らの草稿に対して丁寧なコメントをくださり，刊行に向けてご尽力いただきましたことに深くお礼を申し上げたいと存じます。

　　2018年 2 月

編著者　柴　眞理子

索　引

（＊は人名）

あ 行

アイデンティティ　14
アゴーン　38, 39
遊び　37
＊アリエティ（Arieti, S.）　60
＊アルダーファ（Alderfer, C. P.）　12
アレア　38, 39
生き生きしたからだ　7-9
生きている／生きてゆく　195, 196
生きる力　127, 159, 160, 162, 172
＊石福恒雄　72
＊市川浩　13, 56
意図的誤調律　77, 78
イメージ　45, 46, 49, 57, 141, 144
　　──（の）生成　47, 48
　　──・タンク　45, 46, 48
　　──づくり　137
医療舞踊　31
イリンクス　38, 40
動き　57, 58, 71, 141, 144, 155, 156
　　──の感情価　59
　　──の対立要素　137, 176
　　──の対話　109
運動　57, 58
　　──の型　59
　　──の成立要因　137, 138
＊エクマン（Ekman, P.）　4, 23
S-A 創造性検査　65
エフォート・アクション　58
＊エリクソン（Erikson, E. H.）　174
円形　105
エントレインメント　82, 83, 85, 86, 114
エンブレム　22
応用力　65
踊り手の神聖視　32

か 行

外界模写性　47
＊カイヨワ（Caillois, R.）　38

関わり　156
拡散的思考　64
活動的な身体　9
カテゴリー性の情動　76, 79
感覚　47
間主観的な関わりあい　74, 75, 79
感情　47, 71
　　──の質　59
観賞舞踊　40
感性情報　18
感性的コミュニケーション　17, 18, 72
感応的同調　15
擬音語・擬態語　111, 141, 144, 145
儀式舞踊　40
基底的構造　49
祈祷舞踊　31
共感　99, 103
　　──の過程　103
共感的態度　103
共振　88
共創　206
鏡像　72
　　──関係　72
共調動作　15
共鳴動作　15
極限への挑戦と多様化　176
＊ギルフォード（Guilford, J. P.）　63
空間性（space）　58, 137
空想力　65
＊鯨岡峻　17
啓示期　66-68
芸術舞踊　35
欠乏動機　12
顕在層　48, 49
検証期　66-68
恍惚舞踊　33, 34
コートダンス　34
呼吸　9, 71, 99, 101
　　──法　108
個性化　10, 12, 13

219

言葉かけ 110, 111, 141, 145
コミュニケーション 9, 13, 15, 17, 18, 71
　外部との―― 14
　他者との―― 16
　内面との―― 14, 16
娯楽舞踊 40
コンタクトインプロヴィゼーション 39
コンテンポラリーダンス 42

さ　行

＊ザックス(Sachs, C.) 93
自我同一性 174, 175, 194
時間性(time) 58, 137
思考特性 65
自己開示 88
自己実現 12, 61, 87
　――の創造性 61
自己同一性 7
自己理解 72, 87, 174, 175, 193
視線計測 54
自他非分離 81-83, 85, 86, 206
自他分離 81
実用的な舞踊 31
死の舞踊 33
＊清水博 80-82
社会化 10, 12, 13, 129
宗教舞踊 93
収束的思考 64
呪術舞踊 31, 93
準備期 66, 67
情動 49
　――調律(affect attunement) 71, 75-79,
　　110, 144-146
心身一如 7
心身関係の二重構造 49
身体 50
　――と動き 45
　――の延長 51
　――の二重性 53, 56
　――の部位 139
身体感覚 7, 8, 13, 47, 101, 102, 104
身体感情 7, 8, 101, 102, 104
身体空間 56
身体ねじり 21

身体表現 19, 23, 27-29
新皮質 199
　――系 196, 197
心理療法 95
＊スターン(Stern, D. N.) 75
＊ストー(Storr, A.) 12
生活の質(quality of life: QOL) 96
生気情動(vitality affect) 76-79, 110, 144
生産力 65
成長動機 12
生の営み 195
旋回舞踊 40
潜在層 48, 49
前頭連合野(前方連合野) 196-199
創作のプロセス 65
創造性 45, 60, 63
創造的思考力 62
創造的自己表現 96, 119, 200, 203
　――としての舞踊 28
創造的態度 62
創造的表現 130, 131
　――力 62
創造の過程 62, 66
　――の4段階 66
創造の所産 62
創造力 62, 119

た　行・な　行

体感 59, 102, 178
体験的理解 194
題材 135, 155
ダイナミック・イメージ 52, 88
大脳辺縁系 196
対立要素 137, 139, 140
　動きの―― 137, 176
他者理解 72, 87, 174, 175, 193
＊ダンカン(Duncan, I.) 36
ダンスセラピー 94, 95, 120
ダンス・フォー・オール 95
＊チェイス(Chase, M.) 94
知覚 47
知能 63
治療舞踊 93
デイケア 98, 120

索　引

動機づけ　11
動作解析　183
＊ドゥブラー（H'Doubler, M. N.）　94
＊時実利彦　195, 197-199
独自性　47
特別な才能の創造性　61
共にある調律（コミュニオン調律）　77, 78
認知　47
認知行動療法　115
脳幹・脊髄系　196

は　行

場　71, 79, 80, 102, 113, 119, 176, 200, 206
　　──の理論　80
パーソナリティ　10
パイディア　38
バウンド　100
発話　111, 144-146
ハビトゥス　19
バレエ　35, 42, 53
非意図的誤調律　77, 78
表現的な動き　57
表現内容　135
表現の素材　57
表現の媒体　50
表現舞踊　40
表現力　119
表示規則　23
表象的ジェスチャー　22
表層的構造　49
フォークダンス　34
孵化期　66, 68
＊藤岡喜愛　45-49
舞踊運動　57
　　──の体感　175, 178, 180, 183, 187
舞踊課題　177
　　──学習　175
舞踊の狂乱　33
舞踊の神聖視　32
舞踊の創作プロセス　50
舞踊の素材　50, 51

＊フリーセン（Friesen, W. V.）　4
保育所保育指針　127
＊ホイジンガ（Huizinga, J.）　37
＊ホール（Hall, E. T.）　15
ボディランゲージ　15
ボディワーク　43

ま　行

＊マーチン（Martin, J.）　40-42
＊マズロー（Maslow, A.）　10-12, 61
＊松本千代栄　4, 59, 176
まるごとのからだ　7, 14, 46
みえ　59
身振り　22
ミミクリー　38, 39
ミラーリング　108
身をもって知る　15
メッセージ　16, 17
眩暈の遊び　129
モダンダンス　35, 36, 42, 53
模倣表現　130, 131

や　行

＊湯浅泰雄　49
幼稚園教育要領　127
欲求充足　12
欲求の5つの階層　10, 11

ら　行・わ　行

＊ラバン（Laban, R.）　58, 94
ラポール　107, 122, 201
＊ランガー（Langer, S. K.）　52
リアルタイムの創出知　80
力性（weight）　58, 137
リズムの魔力　197
理性的コミュニケーション　17, 18, 72
＊ルイ14世（Louis XIV）　35
ルドゥス　38
＊ローウェン（Lowen, A.）　7-8
＊ワラス（Wallas, G.）　66

221

《執筆者紹介》（執筆順・＊は編著者）

＊柴　眞理子（しば　まりこ）

編著者紹介参照
執筆担当：はじめに，第1章1，2・第2章1・第3章1，2（1）（3），3・第4章1，2，
　　　　　3，5・第5章1，2，3，4・第6章1，2，3（1）・第8章・終章・おわりに

阪田真己子（さかた　まみこ）

神戸大学大学院総合人間科学研究科博士課程修了
博士（学術）（神戸大学）
現　在：同志社大学文化情報学部教授
主　著：『映像で学ぶ舞踊学――多様な民族と文化・社会・教育から考える』（共著，2020年，大
　　　　修館書店）
　　　　『AI時代の教師・授業・生きる力』（共著，2020年，ミネルヴァ書房）
執筆担当：第1章3・第3章2（2）

塚本順子（つかもと　じゅんこ）

神戸大学大学院教育学研究科修士課程修了
現　在：天理大学体育学部教授
主　著：『明日からトライ！　ダンスの授業』（共著，2011年，大修館書店）
　　　　『表現でつながる　ケルン体育大学ダンスグループによる身体表現・ダンスの公開授業』
　　　　（共著，2011年，天理大学出版部）
執筆担当：第2章2

岡　千春（おか　ちはる）

お茶の水女子大学大学院人間文化創成科学研究科博士後期課程修了
博士（学術）（お茶の水女子大学）
現　在：お茶の水女子大学文教育学部助教
論　文：「踊ることによって生成される身体――その様相と構築過程」（2015年，お茶の水女子大
　　　　学博士論文）
　　　　「デイケアにおける即興的身体表現を核としたダンスプログラムの特性――指導者と参加
　　　　者の間に生まれるコミュニケーションの在り方を中心に」（2021年，「人体科学」第30巻
　　　　第1号，14-24）
執筆担当：第4章4・第5章5

鈴木瑛貴（すずき　たまき）

お茶の水女子大学大学院人間文化創成科学研究科博士後期課程修了
博士（学術）（お茶の水女子大学）
現　在：植草学園大学発達教育学部講師
論　文：「子どもの身体表現活動にみられる『生気情動』の様相」（2018年，「比較舞踊研究」第24
　　　　巻，13-22）
　　　　「身体表現活動における保育者と子どもの対話的なかかわり合い」（2019年，お茶の水女
　　　　子大学博士論文）
執筆担当：第6章3（2）

中村あかね（なかむら　あかね）

お茶の水女子大学大学院人間文化創成科学研究科博士前期課程修了
現　在：成城学園初等学校非常勤講師（舞踊）
論　文：「身体表現の意義に関する体験的理解の構造」（共著，2016年，「舞踊学」第35号，96）
執筆担当：第7章

《編著者紹介》

柴　眞理子（しば　まりこ）

お茶の水女子大学大学院人間文化研究科博士課程満期退学

博士（学術）（お茶の水女子大学）

神戸大学大学教育研究センター長，お茶の水女子大学文教育学部長などを歴任。

現　在：神戸大学名誉教授・お茶の水女子大学名誉教授。

主　著：『身体表現──からだ・感じて・生きる』（1993年，東京書籍）

　　　　『身体性とコンピュータ』（共著，2000年，共立出版）ほか。

臨床舞踊学への誘い
──身体表現の力──

| 2018年 5 月10日　初版第 1 刷発行 | 〈検印省略〉 |
| 2022年10月10日　初版第 2 刷発行 | |

定価はカバーに
表示しています

編 著 者	柴		眞 理 子
発 行 者	杉	田	啓 　 三
印 刷 者	江	戸	孝 　 典

発行所　株式会社　ミネルヴァ書房

607-8494 京都市山科区日ノ岡堤谷町 1
電話代表 075-581-5191
振替口座 01020-0-8076

© 柴眞理子ほか，2018　　　　　共同印刷工業・藤沢製本

ISBN978-4-623-08242-1

Printed in Japan

| よくわかるスポーツ人類学 | B5判／224頁 |
| 寒川恒夫／編著 | 本体　2500円 |

| よくわかるスポーツ文化論 | B5判／216頁 |
| 井上　俊・菊　幸一／編著 | 本体　2500円 |

保育表現技術	B5判／184頁
——豊かに育つ・育てる身体表現	本体　2400円
古市久子／編著	

身体・自我・社会	B6判／276頁
——子どものうけとる世界と子どもの働きかける世界	本体　2500円
ワロン／著　浜田寿美男／訳編	

| 原初的コミュニケーションの諸相 | A5判／320頁 |
| 鯨岡　峻／著 | 本体　3500円 |

関係の中で人は生きる	A5判／384頁
——「接面」の人間学に向けて	本体　2800円
鯨岡　峻／著	

子どもは描きながら世界をつくる	A5判／160頁
——エピソードで読む描画のはじまり	本体　2000円
片岡杏子／著	

———————————— ミネルヴァ書房 ————————————

https://www.minervashobo.co.jp/